JOSE CADALSO   CARTAS MARRUECAS

COLECCIÓN AUSTRAL

JOSÉ CADALSO

CARTAS MARRUECAS

SEGUNDA EDICIÓN

ESPASA - CALPE ARGENTINA, S. A.

BUENOS AIRES — MÉXICO

Ediciones populares para la
COLECCIÒN AUSTRAL

Primera edición: 30-I-1952
Segunda edición: 28-VI-1952

IMPRESO EN LA ARGENTINA
PRINTED IN ARGENTINE

Acabado de imprimir el 28 de junio de 1952

Cía. Gral. Fabril Financiera, S. A. - Iriarte 2035 - Buenos Aires

ÍNDICE

CARTA		PÁG.
I.	De Gazel a Ben-Beley	13
II.	Del mismo al mismo	14
III.	Del mismo al mismo	15
IV.	Del mismo al mismo	18
V.	Del mismo al mismo	22
VI.	Del mismo al mismo	23
VII.	Del mismo al mismo	25
VIII.	Del mismo al mismo	30
IX.	Del mismo al mismo	33
X.	Del mismo al mismo	38
XI.	Del mismo al mismo	40
XII.	Del mismo el mismo	44
XIII.	Del mismo al mismo	45
XIV.	Del mismo al mismo	45
XV.	Del mismo al mismo	46
XVI.	Del mismo al mismo	46
XVII.	De Ben-Beley a Gazel	48
XVIII.	De Gazel a Ben-Beley	49
XIX.	De Ben-Beley a Gazel en respuesta de la anterior	50
XX.	De Ben-Beley a Nuño	50
XXI.	De Ben-Beley a Gazel en respuesta a la anterior	51
XXII.	De Gazel a Ben-Beley	54
XXIII.	Del mismo al mismo	55
XXIV.	Del mismo al mismo	56
XXV.	Del mismo al mismo	57
XXVI.	Del mismo al mismo	58

CARTA		PÁG.
XXVII.	Del mismo al mismo	61
XXVIII.	De Ben-Beley a Gazel en respuesta a la anterior	62
XXIX.	De Gazel a Ben-Beley	65
XXX.	Del mismo al mismo	67
XXXI.	De Ben-Beley a Gazel	67
XXXII.	Del mismo al mismo	68
XXXIII.	De Gazel a Ben-Beley	69
XXXIV.	De Gazel a Ben-Beley	70
XXXV.	Del mismo al mismo	72
XXXVI.	Del mismo al mismo	76
XXXVII.	Del mismo al mismo	76
XXXVIII.	Del mismo al mismo	77
XXXIX.	Del mismo al mismo	78
XL.	Del mismo al mismo	79
XLI.	Del mismo al mismo	80
XLII.	De Nuño a Ben-Beley	84
XLIII.	De Gazel a Nuño..	85
XLIV.	De Nuño a Gazel en respuesta a la anterior	86
XLV.	De Gazel a Ben-Beley	88
XLVI.	De Ben-Beley a Nuño	90
XLVII.	De Nuño a Ben-Beley en respuesta a la anterior	92
XLVIII.	Del mismo al mismo	92
XLIX.	De Gazel a Ben-Beley	93

CARTA   PÁG.   CARTA   PÁG.

    L. De Gazel a Ben-   LXXI. Del mismo al mismo 131
        Beley 95   LXXII. De Gazel a Ben-
    LI. Del mismo al mismo 96   Beley 131
    LII. De Nuño a Gazel.. 97   LXXIII. Del mismo al mismo 132
    LIII. De Gazel a Ben-   LXXIV. Del mismo al mismo 133
        Beley 98   LXXV. Del mismo al mismo 134
    LIV. Del mismo al mismo 98   LXXVI. Del mismo al mismo 136
    LV. Del mismo al mismo 99   LXXVII. Del mismo al mismo 138
    LVI. Del mismo al mismo 100   LXXVIII. Del mismo al mismo 141
    LVII. Del mismo al mismo 102   LXXIX. Del mismo al mismo 143
    LVIII. Del mismo al mismo 104   LXXX. Del mismo al mismo 144
    LIX. Del mismo al mismo 105   LXXXI. Del mismo al mismo 147
    LX. Del mismo al mismo 106   LXXXII. Del mismo al mismo 147
    LXI. Del mismo al mismo 108   LXXXIII. Del mismo al mismo 151
    LXII. De Ben-Beley a Nu-   LXXXIV. De Ben-Beley a
        ño en respuesta a   Gazel 152
        la XLII.......... 109   LXXXV. De Ben-Beley a Ga-
    LXIII. De Gazel a Ben-   zel. Respuesta a la
        Beley 109   anterior 153
    LXIV. Del mismo al mismo 110   LXXXVI. De Ben-Beley a
    LXV. Del mismo al mismo 115   Gazel 154
    LXVI. Del mismo al mismo 116   LXXXVII. De Ben-Beley a Ga-
    LXVII. De Nuño a Gazel... 116   zel en respuesta a
    LXVIII. De Gazel a Ben-   la anterior........ 154
        Beley 124   LXXXVIII. De Ben Beley a
    LXIX. De Gazel a Nuño.. 124   Gazel 157
    LXX. De Nuño a Gazel en   LXXXIX. De Nuño a Gazel.. 159
        respuesta a la an-   XC. Gazel a Nuño...... 160
        terior 129

NOTA 161
PROTESTA LITERARIA 162

INTRODUCCIÓN

Desde que Miguel de Cervantes compuso su inmortal novela, en que critica con tanto acierto algunas viciosas costumbres de nuestros abuelos, que sus nietos hemos reemplazado con otras, se han multiplicado las críticas de las naciones más cultas de Europa en las plumas de autores más o menos imparciales; pero las que han tenido más aceptación entre los hombres de mundo y de letras son las que llevan el nombre de cartas, que suponen escritas en éste o aquel país por viajeros naturales de reinos no sólo distantes, sino opuestos en religión, clima y gobierno. El mayor suceso de esta especie de críticas debe atribuirse al método epistolar, que hace su lectura más cómoda, su distribución más fácil, y su estilo más ameno; como también a lo extraño del carácter de los supuestos autores, de cuyo conjunto resulta que, aunque en muchos casos no digan cosas nuevas, las profieren siempre con cierta novedad que gusta.

Esta ficción no es natural en España, por ser menos el número de los viajeros a quienes atribuir semejante obra. Sería increíble el título de Cartas Persianas, Turcas o Chinescas, escritas de este lado de los Pirineos. Esta consideración me fué siempre sensible, porque, en vista de las costumbres que aun conservamos de nuestros antiguos, las que hemos contraído del trato de los extranjeros, y las que ni bien están admitidas ni desechadas, siempre me pareció que podría trabajarse sobre este asunto con suceso, introduciendo algún viajero venido de lejanas tierras, o de tierras muy diferentes de la nuestra en costumbres y usos.

La suerte quiso que, por muerte de un conocido mío, cayese en mis manos un manuscrito cuyo título es: *Cartas escritas por un moro llamado Gazel Ben-Aly, a Ben-Beley, amigo suyo, sobre los usos y costumbres de los*

*españoles antiguos y modernos, con algunas respuestas
de Ben-Beley, y otras cartas relativas a éstas.* Acabó su
vida mi amigo antes que pudiese explicarme si eran
efectivamente cartas escritas por el autor que sonaba,
como se podía inferir del estilo, o si era pasatiempo del
difunto, en cuya composición hubiese gastado los últimos años de su vida. Ambos casos son posibles: el lector juzgará lo que piense más acertado, conociendo que,
si estas cartas son útiles o inútiles, malas o buenas, importa poco la calidad del verdadero autor.

Me he animado a publicarlas por cuanto en ellas no
se trata de religión ni de gobierno; pues se observará
fácilmente que son pocas las veces que por muy remota conexión se toca algo de estos dos asuntos.

No hay en el original serie alguna de fechas, y me
pareció trabajo que dilataría mucho la publicación de
esta obra el de coordinarlas; por cuya razón no me he
detenido en hacerlo ni en decir el carácter de los que
las escribieron. Esto último se inferirá de su lectura. Algunas de ellas mantienen todo el estilo, y aun el genio,
digámoslo así, de la lengua arábiga su original; parecerán ridículas sus frases a un europeo, sublimes y pindá-
ricas contra el carácter del estilo epistolar y común;
pero también parecerán inaguantables nuestras locuciones a un africano. ¿Cuál tiene razón? No lo sé. No
me atrevo a decirlo, ni creo que pueda hacerlo sino
uno que ni sea africano ni europeo. La naturaleza es la
única que puede ser juez; pero su voz, ¿dónde suena?
Tampoco lo sé. Es demasiada la confusión de otras voces
para que se oiga la de la común madre en muchos asuntos de los que se presentan en el trato diario de los hombres.

Pero se humillaría demasiado mi amor propio dándome al público como mero editor de estas cartas. Para
desagravio de mi vanidad y presunción, iba ya a imitar
el método común de los que, hallándose en el mismo
caso de publicar obras ajenas a falta de suyas propias,
las cargan de notas, comentarios, corolarios, escolios, va-
riantes y apéndices, ya agraviando el texto, ya desfigu-
rándolo, ya truncando el sentido, ya abrumando al pacífico y muy humilde lector con noticias impertinentes,
o ya distrayéndole con llamadas importunas, de modo
que, desfalcando al autor del mérito genuino, tal cual lo
tenga, y aumentando el volumen de la obra, adquieren
para sí mismos, a costa de mucho trabajo, el no espera-
do, pero sí merecido, nombre de fastidiosos. En este supuesto, determiné poner un competente número de notas en los parajes en que veía, o me parecía ver, equi-

vocaciones del moro viajante, o extravagancias de su amigo, o yerros tal vez de los copiantes, poniéndolas con su estrella, número o letra, al pie de cada página, como es costumbre.

Acompáñame otra razón que no tienen los más editores. Si yo me pusiese a publicar con dicho método las obras de algún autor difunto siete siglos ha, yo mismo me reiría de la empresa, porque me parecería trabajo *absurdo* el de indagar lo que quiso decir un hombre entre cuya muerte y mi nacimiento habían pasado seiscientos años; pero el amigo que me dejó el manuscrito de estas cartas, y que, según las más juiciosas conjeturas, fué el verdadero autor de ellas, era tan mío, y yo tan suyo, que éramos uno propio; y sé yo su modo de pensar como el mío mismo, sobre ser tan rigurosamente mi contemporáneo, que nació en el mismo año, mes, día e instante que yo; de modo que por todas estas razones, y alguna otra que callo, puedo llamar esta obra mía sin ofender a la verdad, cuyo nombre he venerado siempre, *aun cuando la he visto atada al carro de la mentira triunfante,* frase que nada significa, y, por lo tanto, muy propia para un prólogo como éste u otro cualquiera.

Aun así (díceme un amigo que tengo, sumamente severo y tétrico en materia de crítica) no soy de parecer que tales notas se pongan. Podrían aumentar el peso y tamaño del libro, y éste es el mayor inconveniente que puede tener una obra moderna. Las antiguas se pesaban por quintales, como el hierro, y las de nuestros días por quilates, como las piedras preciosas; se medían aquéllas a palmos, como las lanzas, y éstas a dedos, como los espadines: conque así sea la obra como se quiera, como sea corta.

Admiré su profundo juicio y le obedecí, reduciendo estas hojas al menor número posible, no obstante la repugnancia que arriba dije; y empiezo observando lo mismo respecto a esta introducción preliminar, advertencia, prólogo, promedio, prefacio, o lo que sea, por no aumentar el número de los que entran confesando lo tedioso de estas especies de preparaciones; y, no obstante su confesión, prosiguen con el mismo vicio, ofendiendo gravemente al prójimo con el abuso de su paciencia.

Algo más me ha detenido otra consideración, que, a la verdad, es muy fuerte, y tanto, que me hubo de resolver a no publicar esta obra, a saber: que no ha de gustar, ni puede gustar. Me fundo en lo siguiente: Estas cartas tratan del carácter nacional, cual lo es en el día, y cual lo ha sido. Para manejar esta crítica al gusto de algunos sería preciso ajar a la nación, llenarla de improperios y no

hallar en ella cosa de mediano mérito. Para complacer
a otros, sería igualmente necesario alabar todo lo que
nos ofrece el examen de su genio y ensalzar todo lo que
en sí es reprensible. Cualquiera de estos dos sistemas
que se siguiese en las Cartas tendría gran número de
apasionados; y a costa de mal conceptuarse con unos
el autor, se hubiera congraciado con otros. Pero en la
imparcialidad que reina en ellas, es indispensable contraer el odio de ambas parcialidades Es verdad que este
justo medio es el que debe procurar seguir a un hombre que quiera hacer algún uso de su razón; pero es también el de hacerse sospechoso a los preocupados de ambos extremos. Por ejemplo: un español de los que llaman rancios, irá perdiendo parte de su gravedad, y casi
casi llegará a sonreírse cuando lea alguna especie de sátira contra el amor a la novedad; pero cuando llegue
al párrafo siguiente y vea que el autor de la carta alaba
en la novedad alguna cosa útil, que no conocieron los
antiguos, tirará el libro al brasero y exclamará: ¡Jesús,
María y José! Este hombre es traidor a su patria. Por
el contrario, cuando uno de estos que se avergüenzan de
haber nacido de este lado de los Pirineos vaya leyendo
un panegírico de muchas cosas buenas que podemos haber contraído de los extranjeros, dará sin duda mil besos
a tan agradables páginas; pero si tiene la paciencia de
leer pocos renglones más, y llega a alguna reflexión sobre lo sensible que es la pérdida de alguna parte de
nuestro antiguo carácter, arrojará el libro a la chimenea
y dirá a su ayuda de cámara: esto es absurdo, ridículo,
impertinente, abominable y pitoyable.

*En consecuencia de esto, si yo, pobre editor de esta
crítica, me presento en cualquiera casa de estas dos
*órdenes, aunque me reciban con algún buen modo, no
podrán quitarme* que yo me diga según las circunstancias: en este instante están diciendo entre sí: *este hombre es un mal español; o bien: este hombre es un bárbaro. Pero* mi amor propio me consolará (como suele
a otros en muchos casos), y me diré a mí mismo: Yo no
soy más que un hombre de bien, que he dado a luz un
papel, que me ha parecido muy imparcial, sobre el asunto más delicado que hay en el mundo, que es la crítica
de una nación.

*En el manuscrito de donde se copió éste, hay algunos
párrafos, y aun cartas rayadas, como significando ser la
mente del autor suprimirlas o corregirlas; y el que ha
hecho esta copia, la saca completa, indicando lo rayado
con estos signos, como en el párrafo antecedente **.

CARTAS MARRUECAS

CARTA I

DE GAZEL A BEN-BELEY

He logrado quedarme en España después del regreso de nuestro embajador, como lo deseaba muchos días ha, y te lo escribí varias veces durante su mansión en Madrid. Mi ánimo era viajar con utilidad, y este objeto no puede siempre lograrse en la comitiva de los grandes señores, particularmente asiáticos y africanos. Éstos no ven, digámoslo así, sino la superficie de la tierra por donde pasan; su fausto, los ningunos antecedentes por dónde indagar las cosas dignas de conocerse, el número de sus criados, la ignorancia de las lenguas, lo sospechosos que deben ser en los países por donde transiten y otros motivos, les impiden muchos medios que se ofrecen al particular que viaja con menos nota.

Me hallo vestido como estos cristianos, introducido en muchas de sus casas, poseyendo su idioma, y en amistad muy estrecha con un cristiano llamado Nuño Núñez, que es hombre que ha pasado por muchas vicisitudes de la suerte, carreras y métodos de vida. Se halla ahora separado del mundo, y, según su expresión, encarcelado dentro de sí mismo. En su compañía se me pasan con gusto las horas, porque procura instruirme en todo lo que me pregunto; y lo hace con tanta sinceridad, que algunas veces me dice: *de eso no entiendo;* y otras: *de eso no quiero entender.* Con estas proporciones hago ánimo de examinar no sólo la corte, sino todas las provincias de la península. Observaré las costumbres de este pueblo, notando las que son comunes con las de otros países de Europa, y las que le son peculiares. Procuraré despojarme de muchas preocupaciones que tenemos los moros contra los cristianos, y particularmente contra los españoles. Notaré todo lo que me sorprenda, para tratar de ello con Nuño, y después participártelo con el juicio que sobre ello haya formado.

Con esto respondo a las muchas que me has escrito pidiéndome noticias del país en que me hallo. Hasta entonces no será tanta mi imprudencia que me ponga a hablar de lo que no entiendo, como sería decirte muchas cosas de un reino que hasta ahora todo es enigma para mí, aunque me sería esto muy fácil: sólo con notar cuatro o cinco costumbres extrañas, cuyo origen no me tomaría el trabajo de indagar, ponerlas en estilo suelto y jocoso, añadir algunas reflexiones satíricas, y soltar la pluma con la misma ligereza que la tomé, completaría mi obra, como otros muchos lo han hecho.

Pero tú me enseñaste, ¡oh, mi venerado maestro!, tú me enseñaste a amar la verdad. Me dijiste mil veces que el faltar a ella es delito aun en las materias frívolas. Era entonces mi corazón tan tierno, y tu voz tan eficaz cuando me imprimiste en él esta máxima, que no la borrarán los tiempos.

Alá te conserve una vejez sana y alegre, fruto de una juventud sobria y contenida, y desde África prosigue enviándome a Europa las saludables advertencias que acostumbras. La voz de la virtud cruza los mares, frustra las distancias y penetra el mundo con más excelencia que la luz del Sol, pues esta última cede parte de su imperio a las tinieblas de la noche, y aquélla no se oscurece en tiempo alguno. ¿Qué será de mí en un país más ameno que el mío, y más libre, si no me sigue la idea de tu presencia, representada en tus consejos? Ésta será una sombra que me seguirá en medio del encanto de Europa; una especie de espíritu tutelar, que me sacará de la orilla del precipicio, o como el trueno, cuyo estrépito y estruendo detiene la mano que iba a cometer el delito.

CARTA II

DEL MISMO AL MISMO

Aun no me hallo capaz de obedecer a las nuevas instancias que me haces sobre que te remita las observaciones que voy haciendo en la capital de esta vasta monarquía. ¿Sabes tú cuántas cosas se necesitan para formar una verdadera idea del país en que se viaja? Bien es verdad que habiendo hecho varios viajes por Europa, me hallo más capaz, o por mejor decir, con menos obstáculos que otros africanos; pero aun así he hallado tanta diferencia entre los europeos, que no basta el conocimiento de uno de los países de esta parte del mundo para juzgar de otros estados de la misma. Los europeos no parecen vecinos, aunque la exterioridad los haya uniformado en mesas, teatros, paseos, ejércitos y lujo; no obstante las leyes, vicios, virtudes y gobierno son sumamente diversos, y por consiguiente las costumbres propias de cada nación.

Aun dentro de la española hay variedad increíble en el carácter de sus provincias. Un andaluz en nada se parece a un vizcaíno; un catalán es totalmente distinto de un gallego; y lo mismo sucede entre un valenciano y un montañés. Esta península, dividida tantos siglos en diferentes reinos, ha tenido siempre variedad de trajes, leyes, idiomas y monedas... De esto inferirás lo que te dije en mi última sobre la ligereza de los que por cortas observaciones propias, o tal vez sin haber hecho alguna, y sólo por la relación de viajeros poco especulativos, han hablado de España.

Déjame enterar bien en su historia, leer sus autores políticos, hacer muchas preguntas, muchas reflexiones, apuntarlas, repasarlas con madurez, tomar tiempo para cerciorarme en el juicio que formé de cada cosa, y entonces prometo complacerte. Mientras tanto no te hablaré en mis cartas sino de mi salud que te ofrezco, y de la tuya, que deseo completa, para enseñanza mía, educación de tus nietos, gobierno de tu familia y bien de todos los que te conozcan y te traten.

CARTA III

DEL MISMO AL MISMO

En los meses que han pasado desde la última que te escribí me he impuesto en la historia de España; he visto lo que de ella se ha escrito desde tiempos anteriores a la invasión de nuestros abuelos y su establecimiento en ella.

Como esto forma una serie de muchos años y siglos, en cada uno de los cuales han acaecido varios sucesos particulares, cuyo influjo ha sido visible hasta en los tiempos presentes, el extracto de todo ello es obra muy larga para remitido en una carta, y en esta especie de trabajos no estoy muy práctico. Pediré a mi amigo Nuño que se encargue de ello, y te lo remitiré. No temas que salga de sus manos viciado el extracto de la historia de su país por alguna preocupación nacional, pues le he oído decir mil veces que aunque ama y estima su patria por juzgarla dignísima de todo cariño y aprecio, tiene por cosa muy accidental el haber nacido en esta parte del globo, o en sus antípodas, o en otra cualquiera.

En este estado quedó esta carta tres semanas ha, cuando me asaltó una enfermedad en cuyo tiempo no se apartó Nuño de mi cuarto, y haciéndole en los primeros días el encargo arriba dicho, lo desempeñó luego que salí del peligro. En mi convalecencia me lo leyó, y lo hallé en todo conforme a la idea que yo mismo me había figurado; te lo remito tal cual pasó de sus manos a las mías. No lo pierdas de vista mientras durare el tiempo de que nos correspondamos sobre estos asuntos, por ser ésta una clave precisa para el conocimiento del origen de todos los usos y costumbres dignos de observación de un viajero como yo, que ando por los países de que escribo, y del estudio de un sabio como tú, que ves todo el orbe desde tu retiro.

«La península llamada España sólo está contigua al
» continente de Europa por el lado de Francia, de la
» que la separan los montes Pirineos. Es abundante en
» oro, plata, azogue, hierro, piedras, aguas minerales,
» ganados de excelentes cualidades y pescas tan abun-
» dantes como deliciosas. Esta feliz situación la hizo ob-
» jeto de la codicia de los fenicios y otros pueblos. Los
» cartagineses, parte por dolo y parte por fuerza, se
» establecieron en ella; y los romanos quisieron comple-
» tar su poder y gloria con la conquista de España; pero
» encontraron una resistencia que pareció tan extraña
» como terrible a los soberbios dueños de lo restante
» del mundo. Numancia, una sola ciudad, les costó ca-
» torce años de sitio, la pérdida de tres ejércitos y el
» desdoro de los más famosos generales; hasta que, re-
» ducidos los numantinos a la precisión de capitular o
» morir, por la total ruina de la patria, corto número de
» vivos y abundancia de cadáveres en las calles (sin
» contar los que habían servido de pasto a sus conciu-
» dadanos después de concluídos sus víveres), incendia-
» ron sus casas, arrojaron sus hijos, mujeres y ancianos
» en las llamas, y salieron a morir en el campo raso
» con las armas en las manos. El grande Escipión fué
» testigo de la ruina de Numancia, pues no puede lla-
» marse propiamente conquistador de la ciudad; siendo
» de notar que Lúculo, encargado de levantar un ejér-
» cito para aquella expedición, no halló en la juventud
» romana reclutas que llevar, hasta que el mismo Esci-
» pión se alistó para animarla. Si los romanos conocie-
» ron el valor de los españoles como enemigos, también

» experimentaron su virtud como aliados. Sagunto su-
» frió por ellos un sitio igual al de Numancia contra los
» cartagineses; y desde entonces formaron los romanos
» de los españoles el alto concepto que se ve en sus
» autores, oradores, historiadores y poetas. Pero la for-
» tuna de Roma, superior al valor humano, la hizo se-
» ñora de España, como de lo restante del mundo, menos
» algunos montes de Cantabria, cuya total conquista no
» consta de la historia de modo que no pueda revocarse
» en duda. Largas revoluciones inútiles de contarse en
» este paraje trajeron del Norte enjambres de naciones
» feroces, codiciosas y guerreras, que se establecieron
» en España; pero con las delicias de este clima tan di-
» ferente del que habían dejado, cayeron en tal afemi-
» nación y flojedad, que a su tiempo fueron esclavos de
» otros conquistadores venidos del Mediodía. Huyeron
» los godos españoles hasta los montes de una provincia
» hoy llamada Asturias, y apenas tuvieron tiempo de
» desechar el susto, llorar la pérdida de sus casas y
» ruina de su reino, cuando volvieron a salir mandados
» por Pelayo, uno de los mejores hombres que la natu-
» raleza ha producido.

»Desde aquí se abre un teatro de guerras que duraron
» cerca de ocho siglos. Varios reinos se levantaron so-
» bre la ruina de la monarquía goda española, destru-
» yendo el que querían edificar los moros en el mismo
» terreno, regado con más sangre española, romana, car-
» taginesa, goda y mora de cuanto se puede ponderar
» con horror de la pluma que lo escriba y de los ojos
» que lo vean escrito. Pero la población de esta penín-
» sula era tal, que después de tan largas y sangrientas
» guerras aun se contaban veinte millones de habitantes
» en ella. Incorporáronse tantas provincias tan diferentes
» en dos coronas: la de Castilla y la de Aragón; y ambas
» en el matrimonio de don Fernando y doña Isabel, prín-
» cipes que serán inmortales entre cuantos sepan lo que
» es gobierno. La reforma de abusos, aumento de las
» ciencias, humillación de los soberbios, amparo de la
» agricultura y otras operaciones semejantes formaron
» esta monarquía; ayudóles la naturaleza con un increí-
» ble número de vasallos insignes en letras y armas, y
» se pudieron haber lisonjeado de dejar a sus sucesores
» un imperio mayor y más duradero que el de Roma
» antigua (contando las Américas nuevamente descu-
» biertas), si hubieran logrado dejar su corona en un
» varón. Nególes el cielo este gozo a trueque de tantos
» como le había concedido, y su cetro pasó a la casa de
» Austria, la cual gastó los tesoros, talentos y sangre

»de los españoles en cosas ajenas de España, por las
»continuas guerras que así en Alemania como en Italia
»tuvo que sostener Carlos I de España; hasta que can-
»sado de sus mismas prosperidades, o tal vez conocien-
»do con prudencia las vicisitudes de las cosas humanas,
»no quiso exponerse a sus reveses, y dejó el trono a
»su hijo Felipe II.

»Este príncipe, acusado por la emulación de envidioso
»y político como su padre, pero menos afortunado, si-
»guiendo los proyectos de Carlos, no pudo hallar los
»mismos sucesos aun a costa de ejércitos, armadas y
»caudales. Murió dejando a su pueblo extenuado con
»las guerras, afeminado con el oro y la plata de Amé-
»rica, disminuído con la población de un mundo nuevo,
»disgustado con tantas desgracias, y deseoso de descan-
»so. Pasó el cetro por las manos de tres grandes prín-
»cipes, menos activos para manejar tan grande monar-
»quía; y en la muerte de Carlos II no era la España
»sino el esqueleto de un gigante.»

Hasta aquí mi amigo Nuño. De esta relación inferirás, como yo: primero, que esta península no ha gozado
de una paz que pueda llamarse tal en cerca de dos mil
años, y que, por consiguiente, es maravilla que aun
tengan hierba los campos y aguas las fuentes; ponderación que suele hacer Nuño cuando se habla de su actual
estado. Segundo, que habiendo sido la religión motivo
de tantas guerras contra los descendientes de Tarif, no
es mucho que sea objeto de todas sus acciones. Tercero,
que la continuación de estar con las armas en la mano
les ha hecho mirar con desprecio el comercio e industria
mecánica. Lo cuarto, que de esto mismo nazca lo mucho
que cada noble en España se envanece de su nobleza.
Lo quinto, que los muchos caudales adquiridos rápidamente en Indias distraen a muchos de cultivar las artes
mecánicas en la península y de aumentar su población.

Las demás consecuencias morales de estos eventos políticos las irás notando en las cartas que te escribiré
sobre estos asuntos.

CARTA IV

DEL MISMO AL MISMO

Los europeos del siglo presente están insufribles con
las alabanzas que amontonan sobre la era en que han
nacido. Si los creyeras, dirías que la naturaleza humana
hizo una prodigiosa e increíble crisis en los mil y sete-

cientos años cabales de su nueva cronología. Cada particular funda una vanidad grandísima en haber tenido
muchos abuelos no sólo tan buenos como él, sino mucho
mejores, y la generación entera abomina de las generaciones que le han precedido. No lo entiendo.

Mi docilidad es aún mayor que su arrogancia. Tanto
me han dicho y repetido de las ventajas de este siglo
sobre los otros, que me he puesto muy de veras a averiguar este punto. Vuelvo a decir que no lo entiendo;
y añado que dificulto si ellos se entienden a sí mismos.

Desde la época en que ellos fijan la de su cultura,
hallo los mismos delitos y miserias en la especie humana, y en nada aumentadas sus virtudes y comodidades.
Así se lo dije con mi natural franqueza a un cristiano
que el otro día, en una concurrencia bastante numerosa,
hacía una apología magnífica de la edad, y casi del año
que tuvo la dicha de producirle. Espantóse de oírme
defender la contraria de su opinión; y fué en vano
cuanto le dije, que poco más o menos es lo siguiente:

No nos dejemos alucinar de la apariencia, y vamos
a lo substancial. La excelencia de un siglo sobre otro
creo debe regularse por las ventajas morales o civiles
que produce a los hombres. Siempre que éstos sean mejores, diremos que su era es superior en lo moral a
la que no produjo tales proporciones; entendiéndose en
ambos casos esta ventaja en el mayor número. Sentado
este principio, que me parece justo, veamos ahora qué
ventajas morales y civiles tiene tu siglo de mil setecientos sobre los anteriores. En lo civil, ¿cuáles son las
ventajas que tiene? Mil artes se han perdido de las que
florecían en la antigüedad; y las que se han adelantado
en nuestra era, ¿qué producen en la práctica, por mucho que ostenten en la especulativa? Cuatro pescadores
vizcaínos en unas malas barcas hacían antiguamente viajes que no se hacen ahora sino rara vez y con tantas
y tales precauciones que son capaces de espantar a quien
los emprende. ¿De la agricultura y medicina, sin preocupación, no puede decirse lo mismo?

Por lo que toca a las ventajas morales, aunque la apariencia favorezca nuestros días, ¿en la realidad qué diremos? Sólo puedo asegurar que este siglo, tan feliz
en tu dictamen, ha sido tan desdichado en la experiencia como los anteriores. Quien escriba sin lisonja la historia, dejará a la posteridad horrorosas relaciones de
príncipes dignísimos destronados, quebrantados tratados
muy justos, vendidas muchas patrias dignísimas de amor,
rotos los vínculos matrimoniales, atropellada la autoridad paterna, profanados juramentos solemnes, violado

el derecho de hospitalidad, destruída la amistad y su
nombre sagrado, entregados por traición ejércitos valerosos y sobre las ruinas de tantas maldades levantarse
un suntuoso templo al desorden general.

¿Qué se han hecho esas ventajas tan jactadas por ti
y por tus semejantes? Concédote cierta ilustración aparente que ha despojado a nuestro siglo de la austeridad
y rigor de los pasados; pero, ¿sabes de qué sirve esta
ilustración, este oropel que brilla en toda Europa? Creo
firmemente que no sirve más que de confundir el orden
respectivo, establecido para el bien de cada estado en
particular.

La mezcla de las naciones en Europa ha hecho admitir generalmente los vicios de cada una, y desterrar las
virtudes respectivas. De aquí nacerá, si ya no ha nacido,
que los nobles de todos los países tengan igual despego
a su patria, formando entre todos una nación nueva
separada de las otras, y distinta en idioma, traje y religión; y que los pueblos sean infelices en igual grado;
esto es, en proporción de la semejanza de los nobles.
Síguese a esto la decadencia general de los estados, pues
sólo se mantienen los unos por la flaqueza de los otros,
y ninguno por la fuerza suya o propio vigor. El tiempo
que tarden las Cortes en uniformarse exactamente en
lujo y relajación, tardarán también las naciones en
asegurarse las unas de la ambición de las otras; y este
grado de universal abatimiento parecerá un apetecible
sistema de seguridad a los ojos de los políticos afemi-
nados; pero los buenos, los prudentes, los que merecen
este nombre, conocerán que un corto número de años
las reducirá todas a un estado de flaqueza que les va-
ticine pronta y horrorosa destrucción. Si desembarcasen
algunas naciones guerreras y desconocidas en los dos
extremos de Europa, mandadas por unos héroes de aquellos que produce el clima, cuando otro no da sino nombres medianos, no dudo que se encontrarán en medio
de Europa, habiendo atravesado y destruído un hermo-
sísimo país. ¿Qué obstáculos hallarían de parte de sus
habitantes? No sé si lo diga con risa o con lástima. Unos
ejércitos muy lucidos y simétricos, sin duda, pero debi-
litados por el peso de sus pasiones y costumbres, y mandados por generales en quienes hay menos de lo que
se requiere de aquel gran estímulo de un héroe, a saber,
el patriotismo. Ni creas que para detener semejantes in-
terrupciones sea suficiente obstáculo el número de las
ciudades fortificadas. Si reinan el lujo, la desidia y
otros vicios semejantes, frutos de la relajación de las
costumbres, éstos sin duda abrirán las puertas de las

ciudadelas al enemigo. La mayor fortaleza, la más segura, la única invencible, es la que consiste en los corazones de los hombres, no en lo alto de los muros ni en lo profundo de los fosos. ¿Cuáles fueron las tropas que nos presentaron en las orillas del Guadalete los godos españoles? ¡Cuán pronto, en proporción del número, fueron deshechas por nuestros abuelos, fuertes, austeros y atrevidos! ¡Qué largo y triste tiempo el de su esclavitud! ¡Cuánta sangre derramada durante ocho siglos para reparar el daño que les causó la afeminación, y para sacudir el yugo que jamás les hubiera oprimido si hubiesen mantenido el rigor de las costumbres de sus antepasados!

No esperaba el apologista del siglo en que nacimos estas razones, y mucho menos las siguientes en que contraje todo lo dicho a su mismo país, continuando de este modo:

Aunque todo esto no fuese así en varias partes de Europa, ¿puedes dudarlo respecto de la tuya? La decadencia de tu patria en este siglo comparado con el XVI es capaz de demostracin con todo el rigor geométrico. ¿Hablas de población? Tienes diez millones escasos de almas, mitad del número de vasallos españoles que contaba Fernando el Católico. Esta disminución es evidente. Veo algunas pocas casas nuevas en Madrid, y tal cual ciudad grande; pero sal por esas provincias, y verás a lo menos dos terceras partes de casas caídas, sin esperanza de que una sola pueda algún día levantarse. Ciudad tienes en España que contó algún día quince mil familias, reducidas hoy a ochocientas. ¿Hablas de ciencias? En el siglo antepasado tu nación era la más docta de Europa, como la francesa en el pasado, y la inglesa en el actual; pero hoy, al otro lado de los Pirineos apenas se conocen los sabios que así se llaman por acá. ¿Hablas de agricultura? Ésta siempre sigue la proporción de la población. Infórmate de los ancianos del pueblo y oirás lástimas. ¿Hablas de manufacturas? ¿Qué se han hecho las antiguas de Córdoba, Segovia y otras? Fueron famosas en el mundo, y ahora las que las han reemplazado están muy lejos de igualarlas en fama y mérito; se hallan muy en sus principios respecto a las de Francia e Inglaterra.

Me preparaba a seguir por otros ramos, cuando se levantó muy sofocado el apologista, miró a todas partes y, viendo que nadie le sostenía, jugó como por distracción con los cascabeles de sus dos relojes, y se fué, diciendo: —No consiste en eso la cultura del siglo actual, su excelencia entre todos los pasados y venideros, y la felicidad mía y de mis contemporáneos. El punto está en que se come con más primor; los lacayos hablan de política; los maridos y los amantes no se desafían; y desde el sitio de Troya hasta el de Almeida no se ha visto producción tan honrosa para el espíritu humano, tan útil para la sociedad y tan maravillosa en sus efectos como los polvos *sans pareills* inventados por Mr. Frivoleti en la calle de San Honorato de París.

—Dices muy bien — le repliqué —. Y me levanté para ir a mis oraciones acostumbradas, añadiendo una y muy fervorosa para que el Cielo aparte de mi patria los efectos de la cultura de este siglo, si consiste en lo que éste ponía en su defensa.

CARTA V

DEL MISMO AL MISMO

He leído la toma de México por los españoles, y un extracto de los historiadores que han escrito las conquistas de esta nación en aquella remota parte del mundo que se llama América; y te aseguro que todo parece haberse ejecutado por arte mágica. Descubrimiento, conquista, posesión y dominio son otras tantas maravillas.

Como los autores por los cuales he leído esta serie de prodigios son todos españoles, la imparcialidad que profeso pide también que lea lo escrito por los extranjeros. Luego sacaré una razón media entre lo que digan éstos y aquéllos, y creo que en ella podré fundar el dictamen más sano; supuesto que la conquista y dominio de aquel medio mundo tuvieron y aun tienen tanto influjo sobre las costumbres de los españoles, que son ahora el objeto de mi especulación. La lectura de esta historia particular es un suplemento necesario al de la historia general de España, y clave precisa para la inteligencia de varias alteraciones sucedidas en el estado político y moral de esta nación. No entraré en la cuestión tan vulgar de saber si estas nuevas adquisiciones han sido útiles, inútiles o perjudiciales a España. No hay evento en las cosas humanas que no pueda convertirse en daño o en provecho, según lo maneje la prudencia.

CARTA VI

DEL MISMO AL MISMO

El atraso de las ciencias en España en este siglo, ¿quién puede dudar que proceda de la falta de protección que hallan sus profesores? Hay cochero en Madrid que gana trescientos duros, y cocinero que funda mayorazgo; pero no hay quien no sepa que se ha de morir de hambre como se entregue a las ciencias, exceptuadas las de *pane lucrando*, que son las únicas que dan de comer.

Los pocos que cultivan las otras son como los aventureros voluntarios de los ejércitos, que no llevan paga y se exponen más. Es un gusto oírles hablar de matemáticas, física moderna, historia natural, derecho de gentes, antigüedades y letras humanas, a veces con más recato que si hiciesen moneda falsa. Viven en la oscuridad y mueren como vivieron, tenidos por sabios superficiales en el concepto de los que saben poner setenta y siete silogismos seguidos sobre si los cielos son flúidos o sólidos.

Hablando pocos días ha con un sabio escolástico de los más condecorados en su carrera, le oí esta expresión con motivo de haberse nombrado a un sujeto excelente en matemáticas: —*Sí, en su país se aplican a esas cosillas, como matemáticas, lenguas orientales, física, derecho de gentes y otras semejanzas.*—Pero yo te aseguro, Ben-Beley, que si señalasen premios para los profesores, premios de honor o de interés, o de ambos, ¡qué progresos no harían! Si hubiese siquiera quien los protegiese, se esmerarían sin más motivo positivo; pero no hay protectores.

Tan persuadido está mi amigo de esta verdad, que hablando de esto me dijo: —En otros tiempos, allá cuando me imaginaba que era útil y glorioso dejar fama en el mundo, trabajé una obra sobre varias partes de la literatura que había cultivado, aunque con más amor que buen suceso. Quise que saliese bajo la sombra de algún poderoso, como es natural a todo autor principiante. Oí a un magnate decir que todos los autores eran locos; a otro, que las dedicatorias eran estafas; a otro, que renegaba del que inventó el papel; otro se burlaba de los hombres que se imaginaban saber algo; otro me insinuó que la obra que le sería más acepta, sería la letra de una tonadilla; otro me dijo que me viera con

un criado suyo, para tratar de esta materia; otro ni me
quiso escuchar; y de resultas de todo eso, tomé la determinación de dedicar el fruto de mis desvelos al mozo
que traía el agua a casa. Su nombre era Domingo, su
patria Galicia, su oficio ya está dicho; con que recogí
todos estos preciosos materiales para formar la dedicatoria de esta obra. Y al decir estas palabras, sacó de
la cartera unos cuadernillos, púsose los anteojos, acer-
cóse a la luz, y, después de haber ojeado, empezó a leer:
«Dedicatoria a Domingo de Domingos, aguador decano
de la fuente del Ave María.» Detúvose mi amigo un
poco, y me dijo: —¡Mira qué Mecenas! — Y prosiguió
leyendo:

«Buen Domingo, arquea las cejas; ponte grave; tose;
escupe; gargajea; toma un polvo con gravedad; bosteza
con estrépito; tiéndete sobre este banco; empieza a roncar mientras leo esta mi muy humilde, muy sincera y
muy justa dedicatoria. ¿Qué?, ¿te ríes y me dices que
eres un pobre aguador, tonto, plebeyo, y por tanto sujeto poco apto para proteger obras y autores? ¿Pues
qué, te parece que para ser un Mecenas es preciso ser
noble, rico y sabio? Mira, buen Domingo, a falta de
otros, tú eres excelente. ¿Quién me quitará que te llame,
si quiero, más noble que Eneas, más guerrero que Alejandro, más rico que Creso, más hermoso que Narciso,
más sabio que los siete de Grecia, y todos los manes
que me vengan a la pluma? Nadie me lo puede impedir
sino la verdad; y ésta has de saber que no ata las manos a los escritores, antes suelen ellos atacarla a ella,
y cortarle las piernas y sacarle los ojos, y taparle la
boca. Admite, pues, este obsequio literario: sepa la posteridad que Domingo de Domingos, de inmemorial genealogía, aguador de las más famosas fuentes de Madrid,
ha sido, es y será el único patrón, protector y favore-
cedor de esta obra.

»Generaciones futuras, familias de venideros siglos,
gentes extrañas, naciones no conocidas, mundos aun no
descubiertos, venerad esta obra, no por su mérito, harto
pequeño y trivial, sino por el sublime, ilustre, excelente, egregio, encumbrado y nunca bastantemente aplaudido nombre, título y timbre de mi Mecenas.

»Tú, monstruo horrendo, envidia tan bien pintada por
Ovidio, que sólo estás mejor retratada en las caras de
algunos amigos míos, muerde con tus mismos negros
dientes tus maledicientes y rabiosos labios, y tu pon-
zoñosa y escandalosa lengua; vuelva a tu pecho infernal
la envenenada saliva, que iba a dar horrorosos movi-
mientos a tu maldiciente boca, más horrenda que la del

infierno, pues ésta sólo es temible a los malvados, y la tuya aun lo es más a los buenos.

»Perdona, Domingo, esta bocanada de cosas que me inspira la alta dicha de tu favor. ¿Pero quién, en la rueda de la fortuna, no se envanece en lo más alto de ella? ¿Quién no se hincha con el soplo lisonjero de la suerte? ¿Quién, desde la cumbre de la prosperidad, no se juzga superior a los que poco antes se hallaban en el mismo horizonte? Tú, tú mismo, a quien contemplo mayor que muchos héroes de los que no son aguadores, ¿no te sientes el corazón lleno de una noble presunción, cuando llegas con tu cántaro a la fuente, y todos te hacen lugar? ¡Con qué generoso fuego he visto brillar tus ojos, cuando recibes este obsequio de tus compañeros dignísimos! Obsequio que tanto mereces por tus canas nacidas en subir y bajar las escaleras de mi casa y de otras. ¡Ay de aquel que se te resistiera, qué cantarazo llevaría! Si todos se te rebelaran, a todos aterrarías con tu cántaro y puño, como Júpiter a los gigantes con sus rayos y centellas. A los filósofos parecería exceso ridículo de orgullo esta comparación (v las de otros héroes de esta clase); pero, ¿quiénes son los filósofos? Unos hombres rectos y amantes de las ciencias, que quisieran que todos los hombres odiasen las necedades, que tienen la lengua unísona con el corazón, y otras ridiculeces semejantes. Vuélvanse, pues, los filósofos a sus guardillas, y dejen rodar la bola del mundo por esos aires de Dios, de modo que a fuerza de dar vueltas se desvanezcan las pocas cabezas que aun se mantienen firmes, y todo el mundo se convierta en un hospital de locos.»

CARTA VII

DEL MISMO AL MISMO

En el imperio de Marruecos todos somos igualmente despreciables en el concepto del emperador y despreciados en el de la plebe; o, por mejor decir, todos somos plebe, siendo muy accidental la distinción de uno u otro individuo por el mismo, y de ninguna esperanza para sus hijos; pero en Europa son varias las clases de vasallos en el dominio de cada monarca.

La primera consta de hombres que poseen inmensas riquezas de sus padres, y dejan por el mismo motivos a sus hijos considerables bienes. Ciertos empleos se dan a éstos solos, y gozan con más inmediación el favor del

soberano. A esta jerarquía sigue otra de nobles menos
condecorados y poderosos. Su mucho número llena los
empleos de las tropas, armadas, tribunales, magistratu-
ras y otros, que en el gobierno monárquico no suelen
darse a los plebeyos sino por algún mérito sobresa-
liente.

Entre nosotros, siendo todos iguales, y poco durade-
ras las dignidades y posesiones, no se necesita diferencia
en el modo de criar los hijos; pero en Europa la educación de la juventud debe mirarse como objeto de la
mayor importancia. El que nace en la ínfima clase de
las tres, y que ha de pasar su vida en ella, no necesita
estudios, sino saber el oficio de sus padres en los tér-
minos en que se lo ve ejecutar. El de la segunda ya
necesita otra educación para desempeñar los empleos
que ha de ocupar con el tiempo. Los de primera se ven
precisados a esto mismo con más fuerte obligación, porque a los veinticinco años, o antes, han de gobernar sus
estados, que son muy vastos, disponer de inmensas rentas, mandar cuerpos militares, concurrir con los embajadores, frecuentar el palacio, y ser el dechado de los
de la segunda clase.

Esta teoría no siempre se verifica con la exactitud
que se necesita. En este siglo se nota alguna falta de
esto en España. Entre risa y llanto me contó Nuño un
lance que parece de novela, en que se halló, y que
prueba evidentemente esta falta, tanto más sensible
cuanto de él mismo se prueba la viveza de los talentos
de la juventud española, singularmente en algunas provincias; pero antes de contarlo, puso el preludio siguiente:

—Días ha que vivo en el mundo como si me hallara
fuera de él. En este supuesto, no sé a cuántos estamos
de educación pública; y lo que es más, tampoco quiero
saberlo. Cuando yo era capitán de infantería, me hallaba
en frecuentes concursos de gentes de todas clases: noté
esta misma desgracia; y queriendo remediarla en mis
hijos, si Dios me los daba, leí, oí, medité y hablé mucho
sobre esta materia. Hallé diferentes pareceres: unos sobre que convenía tal educación; otros sobre que convenía tal otra, y también algunos sobre que no convenía
ninguna.

Me acuerdo que yendo a Cádiz, donde se hallaba mi
regimiento de guarnición, me extravié y me perdí en
un monte. Iba anocheciendo, cuando me encontré con
un caballero de hasta unos veintidós años, de buen porte
y presencia. Llevaba un arrogante caballo, sus dos pis-
tolas primorosas, calzón y ajustador de ante con muchas

docenas de botones de plata, el pelo dentro de una re-
decilla blanca, capa de verano caída sobre el anca del
caballo, sombrero blanco finísimo y pañuelo de seda
morada al cuello. Nos saludamos, como era regular, y
preguntándole por el camino de tal parte, me respondió
que estaba lejos de allí; que la noche ya estaba encima
y dispuesta a tornar; que el monte no era seguro; que
mi caballo estaba cansado, y que, en vista de todo esto,
me aconsejaba y suplicaba que fuese con él a un cortijo de su abuelo, que estaba a media legua corta. Lo
dijo todo con tanta franqueza y agasajo, y lo instó con
tanto empeño, que acepté la oferta. La conversación cayó según costumbre sobre el tiempo y cosas semejantes;
pero en ella manifestaba el mozo una luz natural clarí-
sima, con varias salidas de viveza y feliz penetración,
lo cual, junto con una voz muy agradable y gesto muy
proporcionado, mostraba en él todos los requisitos naturales de un perfecto orador; pero de los artificiales,
esto es, de los que se enseña el arte por medio del estudio, no se hallaba ni uno siquiera. Salimos ya del
monte, cuando no pudiendo menos de notar lo hermoso
de los árboles le pregunté si cortaban de aquella madera
para construcción de navíos.

—¿Qué sé yo de eso? —me respondió con presteza—.
Para eso mi tío, el comendador. En todo el día no habla
sino de navíos, brulotes, fragatas y galeras. ¡Válgame
Dios, y qué pesado está el buen caballero! Poquitas
veces hemos oído de su boca, algo trémula por sobra de
años y falta de dientes, la batalla de Tolón, la toma de
los navíos la *Princesa* y el *Glorioso*, la colocación de los
navíos de Leso en Cartagena. Tengo la cabeza llena de
almirantes holandeses e ingleses. Por cuanto hay en el
mundo dejará de rezar todas las noches a San Telmo
por los navegantes; y luego entra un gran parladillo
sobre los peligros de la mar, al que se sigue otro sobre
la pérdida de toda una flota entera, no sé qué año, en
que escapó el buen señor nadando, y luego una digresión natural y bien traída sobre lo útil que es saber
nadar. Desde que tengo uso de razón no le he visto co-
rresponderse por escrito con el marqués de la Victoria,
ni le he conocido más pesadumbre que la que tuvo
cuando supo la muerte de don Jorge Juan. El otro día
estábamos muy descuidados comiendo, y al dar el reloj
las tres dió una gran palmada en la mesa, que hubo de
romperla o romperse las manos, y dijo, no sin mucha
cólera: —A esta hora fué cuando se llegó a nosotros,
que íbamos en el navío la *Princesa*, el tercer navío
inglés. Y a fe que era muy hermoso y de noventa ca-

ñones. ¡Y qué velero! De eso no he visto. Lo mandaba
un señor oficial. Si no es por él, los otros dos no hubieran contado el lance. ¿Pero qué se ha de hacer?
¡Tantos a uno! —En esto le asaltó la gota que padece
días ha, y que nos valió un poco de descanso, porque
si no, tenía trazas de irnos contando de uno en uno
todos los lances de mar que ha habido en el mundo
desde el arca de Noé.

Cesó por un rato el mozalbete la murmuración contra su tío, tan respetable según lo que él mismo contaba;
y al entrar en un campo muy llano, con dos lugarcillos
que se descubrían a corta distancia el uno del otro:
—¡Bravo campo —dije yo— para disponer setenta mil
hombres en batalla! —Con esas a mi primo el cadete de
Guardias —respondió el señorito con igual desembarazo —, que sabe cuántas batallas se han dado desde que
los ángeles buenos derrotaron a los malos. Y no es lo
más esto, sino que sabe también las que se perdieron,
por qué se perdieron y las que se ganaron, por qué
se ganaron, y por qué se quedaron indecisas las que ni
se perdieron ni ganaron.

Ya lleva gastados no sé cuántos doblones en instrumentos de matemáticas, y tiene un baúl lleno de unos
que él llama planos, y son unas estampas feas, que ni
tienen caras ni cuerpos.

Procuré no hablarle del ejército más que de marina,
y sólo dije: —No sería lejos de aquí la batalla que se
dió en tiempo de don Rodrigo, y fué tan costosa como
nos dice la historia. —¡Historia! —dijo—. Me alegrara
que estuviera aquí mi hermano el canónigo de Sevilla.
Yo no la he aprendido, porque Dios me ha dado en él
una biblioteca viva de todas las historias del mundo.
Es mozo que sabe de qué color era el vestido que llevaba puesto el rey San Fernando cuando tomó a Sevilla.

Llegábamos ya cerca del cortijo, sin que el caballero
me hubiese contestado a materia alguna de cuantas le
toqué. Mi natural sinceridad me llevó a preguntarle cómo le habían educado, y me respondió: —A mi gusto,
al de mi madre y al de mi abuelo, que era un señor
muy anciano, que me quería como a las niñas de sus
ojos. Murió de cerca de cien años de edad. Había sido
capitán de Lanzas de Carlos II, en cuyo palacio se había
criado. Mi padre bien quería que yo estudiase, pero tuvo
poca vida y autoridad para conseguirla. Murió sin tener
el gusto de verme escribir. Ya me había buscado un ayo,
y la cosa iba de veras, cuando cierto accidentillo lo
descompuso todo.

—¿Cuáles fueron sus primeras lecciones? —le pregunté. —Ninguna —respondió el mocito —; en sabiendo leer un romance y tocar un polo, ¿para qué necesita más un caballero? Mi *dómine* bien quiso meterme en honduras; pero le fué muy mal y hubo de irle mucho peor. El caso fué que había yo ido con otros camaradas a un encierro. Súpolo el buen maestro y vino tras mí a oponerse a mi voluntad. Llegó precisamente a tiempo que los vaqueros me andaban enseñando cómo se toma la vara. No pudo su desgracia traerle a peor ocasión. A la segunda palabra que quiso hablar, le di un varazo tan divino en medio de los sentidos, que le abrí la cabeza en más cascos que una naranja; y gracias que me contuve, porque mi primer pensamiento fué ponerle una vara lo mismo que a un toro de diez años; pero, por primera vez, me contenté con lo dicho. Todos gritaban: ¡Viva el señorito!; y hasta el tío Gregorio, que es hombre de pocas palabras, exclamó: Lo ha hecho usía como un ángel del cielo.

—¿Quién es ese tío Gregorio? —pregunté atónito de que aprobase tal insolencia; y me respondió: —El tío Gregorio es un carnicero de la ciudad que suele acompañarnos a comer, fumar y jugar. ¡Poquito lo queremos todos los caballeras de por acá! Con ocasión de irse mi primo Jaime María a Granada y yo a Sevilla, hubimos de sacar la espada sobre quién se lo había de llevar; y en esto hubiera parado la cosa, si en aquel tiempo mismo no le hubiera preso la Justicia por no sé qué puñaladillas y otras friolerillas semejantes, que todo ello se compuso al mes de cárcel.

Dándome cuenta del carácter del tío Gregorio y otros iguales personajes, llegamos al cortijo. Presentóme a los que allí se hallaban, que eran varios amigos o parientes suyos de la misma edad, clase y crianza, que se habían juntado para ir a una cacería, y esperando la hora competente pasaban la noche jugando, cenando, cantando y bailando; para todo lo que se hallaban muy bien provistos, porque habían concurrido algunas gitanas con sus venerables padres, dignos esposos y preciosos hijos. Allí tuve la dicha de conocer al señor tío Gregorio. A su voz ronca y hueca, patilla larga, vientre redondo, modales bastos, frecuentes juramentos y trato familiar se distinguía entre todos. Su oficio era hacer cigarros, dándolos ya encendidos de su boca a los caballeritos, atizar los velones, decir el nombre y mérito de cada gitana, llevar el compás con las palmas de las manos cuando bailaba alguno de sus apasionados protectores, y brindar a su salud con medios cántaros de vino. Conociendo que venía cansado, me hicieron cenar luego,

y me llevaron a un cuarto algo apartado para dormir,
destinando a un mozo del cortijo para que me llamase
y condujese al camino. Contarte los dichos y hechos de
aquella academia fuera imposible, o tal vez indecente;
sólo diré que el humo de los cigarros, los gritos y pal-
madas del tío Gregorio, la bulla de voces, el ruido de
las castañuelas, lo destemplado de la guitarra, el chi-
llido de las gitanas sobre cuál había de tocar el polo
para que lo bailase Preciosilla, el ladrido de los perros
y el desentono de los que cantaban, no me dejaron pe-
gar los ojos en toda la noche. Llegada la hora de marchar, monté a caballo, diciéndome a mí mismo en voz
baja: ¿Así se cría una juventud que pudiera ser tan
útil si fuera la educación igual al talento? Y un hombre serio, que al parecer estaba de mal humor con aquel
género de vida, oyéndome, me dijo con lágrimas en
los ojos: —Sí, señor; así se cría.

CARTA VIII

DEL MISMO AL MISMO

Lo extraño de la dedicatoria de mi amigo Nuño a
su aguador Domingo y lo raro de su carácter, nacido
de la variedad de cosas que por él han pasado, me hizo
importunarle para que me enseñare la obra; pero en
vano. Entablé otra pretensión, y fué que me dijese siquiera el asunto, ya que no me la quería mostrar. Hícele
varias preguntas. —¿Será — le decía — de Filosofía?
—No, por cierto — me respondió —. A fuerza de usar
esa voz se ha gastado. Según la variedad de los hombres
que se llaman filósofos, ya no sé qué es Filosofía. No
hay extravagancia que no se condecore con tan sublime
nombre. —¿De Matemáticas? —Tampoco. Esto quiere
un estudio muy seguido, y yo le abandoné desde los
principios. Publicar en cuarto lo que otros en octavo, en
pergamino lo que otros en pasta, o juntar un poco de
éste y otro de aquél, se llama ser copiante más o menos
exacto, y no autor. Es engañar al público y ganar dinero, que se vuelve materia de restitución. —¿De Jurisprudencia? —Menos. A medida que se han ido multi-
plicando los autores de esta facultad, se ha ido oscure-
ciendo la justicia. A este paso, tan peligroso me parece
cada nuevo escritor de leyes como el infractor de ellas;
tanto delito es comentarlas como quebrantarlas. Comentarios, glosas interpretaciones, notas, etc., suelen ser

otros tantos ardides de la guerra forense. Si por mí fuera, se debiera prohibir toda obra nueva sobre esta materia por el mismo hecho. —¿De Poesía? —Tampoco. El Parnaso produce flores que no deben cultivarse sino por manos de jóvenes. Las musas no sólo se espantan de las canas de la cabeza, sino de hasta las arrugas de la cara. Parece mal un viejo con guirnaldas de mirtos y violas convidando a los ecos y a las aves a cantar los rigores o favores de Amarilis. —¿De Teología? —Por ningún término. Adoro la esencia de mi Creador; traten otros de sus atributos. Su magnificencia, su justicia, su bondad, llenan mi alma de reverencia para adorarle, no mi pluma de orgullo para quererle penetrar. —¿De Estado? —No lo pretendo. Cada reino tiene sus leyes fundamentales, su constitución, su historia, sus tribunales y conocimiento del carácter de sus puéblos, de sus fuerzas, clima, productos y alianzas. De todo esto nace la ciencia de los Estados; estúdienla los que han de gobernar; yo nací para obedecer, y para esto basta amar a su Rey y a su patria, dos cosas a que nadie me ha ganado hasta ahora.

—¿Pues de qué tratas en tu obra? —insté yo, no sin alguna impaciencia —. Algo de esto ha de ser. ¿Porque qué otro asunto puede haber digno de la aplicación y estudio? —No te canses —me respondió—. Mi obra no era más que un diccionario castellano en que se distinguiese el sentido primitivo de cada voz y el abusivo que le han dado los hombres en el trato. O inventar un idioma nuevo o volver a fundir el viejo, porque ya no sirve. Aun conservo en la memoria la advertencia preliminar que enseña el verdadero uso de mi diccionario, y decía así, palabra más o menos: «Advertencia preliminar sobre el uso de este diccionario castellano. Presento al lector un nuevo diccionario diferente de todos los que se conocen hasta ahora. En él no me empeño en poner mil voces más o menos que en orto; ni en averiguar si una palabra es de Solís, o de Saavedra, o de Cervantes, o de Mariana, o de Juan de Mena, o de Alfonso el de las Partidas; ni en saber si esta o la otra voz viene del arábigo, del latín, del cántabro, del fenicio o del cartaginés; ni en decir si tal término está ya anticuado, o es corriente, o nuevamente admitido; o si tal expresión es baja, media o sublime; o si es prosaica o poética. No emprendo trabajo alguno de éstos, sino otro menos lucido pero más útil para todos mis hermanos los hombres. Mi ánimo es explicar lisa y llanamente el sentido primitivo, genuino y real de cada voz, y el abuso que de ella se ha hecho, o su sentido abusivo en

el trato civil. —¿Y para qué se toma este trabajo? —
me dijo un señorito, mirándose los encajes de las vueltas. —Para que nadie se engañe —respondí yo, mirán-
dole cara a cara—, como yo me he engañado, por creer
que los verbos *amar, servir, favorecer, estimar* y otros
tales no tienen más que un sentido, siendo así que tienen
tantos que no hay guarismo que alcance. ¿Adónde habrá paciencia para que un pobre como yo, por ejemplo,
se despida de su familia, deje su lugar, se venga a Madrid, se esté años y más años, gaste su hacienda, suba
y baje escaleras, haga plantones, abrace pajes, salude
porteros, pase enfermedades, y al cabo se vuelva peor
de lo que vino? Y todo porque no entendió el verdadero
sentido de unas cuantas cláusulas que leyó en una carta
recibida por pascuas, sino que se tomó al pie de la letra
aquello de «celebraré que nos veamos cuanto antes por
acá, pues el particular conocimiento que en la corte tenemos de sus apreciables circunstancias, largo mérito,
servicio de sus antepasados y aptitud para el desempeño
de cualquier cargo, serían justos motivos de complacerle
en las pretensiones que quisiese entablar, concurriendo
en mí otras y mayores obligaciones de servirle por los
particulares favores que debí a sus señores padres (que
santa gloria hayan) y los enlaces de mi casa con la
de vuestra merced, cuya vida en compañía de su esposa
y mi señora, guarde Dios muchos años. Madrid, tantos
de tal mes, etc.; y luego, más abajo, B. L. M. de vuestra
merced su más rendido servidor y apasionado amigo,
que verle desea, Fulano de Tal.»

Para desengaño, pues, de los pocos tontos que quedan
en el mundo, capaces de creer que significan algo estas
expresiones, compuse este caritativo diccionario, con el
fin de que no sólo no se dejasen llevar por el sentido
dañoso del idioma, sino que con esta ayuda y un poco de
práctica, puedan hablar a cada uno en su lengua. Si el
público conociese la utilidad de esta obra, me animaré
a componer una gramática análoga al diccionario; y
tanto puede ser el estímulo, que me determine a componer una retórica, lógica y metafísica de la misma naturaleza. Proyecto que, si llega a efectuarse, puede muy
bien establecer un nuevo sistema de educación pública
y darme entre mis conciudadanos más fama y veneración que la que adquirió Confucio entre los suyos por
los preceptos de moral que les dejó.

Calló mi amigo y nos fuimos a nuestro paseo acostumbrado. Discurro que el cristiano tiene razón, y que
en todas las lenguas de Europa hace falta semejante
diccionario.

CARTA IX

DEL MISMO AL MISMO

Acabo de leer algo de lo escrito por los europeos, no españoles, acerca de la conquista de la América. Si del lado de los españoles no se oye sino religión, heroísmo, vasallaje y otras voces dignas de respeto, del lado de los extranjeros no suenan sino codicia, tiranía, perfidia y otras no menos espantosas. No pude menos de comunicárselo a mi amigo Nuño, quien me dijo que era asunto dignísimo de un fino discernimiento, juiciosa crítica y madura reflexión; pero que, entretanto, y reservándome el derecho de formar el concepto que más justo me pareciese en adelante, reflexionase por ahora sólo en los pueblos que tanto vocean la crueldad de los españoles en América, concisamente los mismos que van a las costas de África, compran animales racionales de ambos sexos a sus padres, hermanos, amigos, guerreros victoriosos, sin más derecho que ser los comprados negros; los embarcan como brutos; los llevan millares de leguas desnudos, hambrientos y sedientos; los desembarcan en América, los venden en público mercado como jumentos, a más precio los mozos sanos y robustos, y a mucho más las infelices mujeres que se hallan con otro fruto de miseria dentro de sí mismas; toman el dinero, se lo llevan a sus humanísimos países, y con el producto de esta piadosa venta imprimen libros llenos de elegantes inventivas, retóricos insultos y elocuentes injurias contra Hernán Cortés por lo que hizo; ¿y qué hizo? Lo siguiente. Sacaré mi cartera y te leeré algo sobre esto.

1º Acepta Cortés el cargo de mandar unos pocos soldados para la conquista de un país no conocido, porque recibe la orden del general bajo cuyo mando servía. Aquí no veo delito, sino subordinación militar y arrojo increíble en la empresa de tal expedición militar con un puñado de hombres tan corto, que no se sabe cómo se ha de llamar.

2º Prosigue su destino, no obstante las contrariedades de su fortuna y émulos. Llega a la isla de Cozumel (horrenda por los sacrificios de sangre humana, que eran muy frecuentes en ella), pone en orden sus tropas, las anima y consigue derribar aquellos ídolos, cuyo culto era tan cruel a la humanidad, apaciguando los isleños. Hasta aquí creo descubrir el carácter de un héroe.

3º Sigue su viaje; recoge un español cautivo entre los salvajes, y en la ayuda que éste le dió por su inteligencia de aquellos idiomas, halla la primera señal de sus futuros sucesos, conducidos éstos y los restantes por aquella inexplicable encadenación de cosas que los cristianos llamamos providencia, los materialistas casualidad, y los poetas suerte o hado.

4º Llega al río de Grijalva, y tiene que pelear dentro del agua para facilitar el desembarco, que consigue. Gana a Tabasco contra indios valerosos. Síguese una batalla contra un ejército respetable; gana la victoria completa y continúa su viaje. La relación de esta batalla da motivo a muchas reflexiones, todas muy honoríficas al valor de los españoles; pero, entre otras, una que es tan obvia como importante, a saber: que por más que se pondere la ventaja que daba a los españoles sobre los indios la pólvora, las armas defensivas y el uso de los caballos por el pasmo que causó este aparato guerrero, nunca visto en aquellos climas, gran parte de la victoria debe atribuirse a los vencedores por el número desproporcionado de los vencidos, destreza en sus armas, conocimiento del país y otras tales ventajas que siempre duraban y aun crecían al paso que se minoraba del susto que les había impreso la vista primera de los europeos. El hombre que tenga mejores armas, si se halla contra ciento que no tengan más que palos, matará cinco o seis, o cincuenta o setenta; pero alguno le ha de matar, aunque no se valgan más que del cansancio que ha de causar el manejo de las armas, el calor, el polvo y las vueltas que puede dar por todos lados la cuadrilla de sus enemigos. Éste es el caso de los pocos españoles contra innumerables americanos, y esta misma proporción se ha de tener presente en la relación de todas las batallas que el gran Cortés ganó en aquella conquista.

5º De la misma flaqueza humana sabe Cortés sacar fruto para su intento. Una india noble, a quien se había apasionado, le sirve de segundo intérprete, y es de suma utilidad en la expedición. Primera mujer que no ha perjudicado en un ejército, y notable ejemplo de lo útil que puede ser el bello sexo, siempre que dirija su sutileza natural a fines loables y grandes.

6º Encuéntrase con los embajadores de Moctezuma, con quienes tiene unas conferencias que pueden ser modelo para los estadistas, no sólo americanos, sino europeos.

7º Oye, no sin alguna admiración, las grandezas del imperio de Motezuma, cuya relación, ponderada sin duda por los embajadores para aterrarle, da la mayor idea del poder de aquel emperador y, por consiguiente, de la dificultad de la empresa y de la gloria de la conquista. Pero lejos de aprovecharse del concepto de deidades en que estaban él y los suyos entre aquellos pueblos, declara, con magnanimidad nunca oída, que él y los suyos son inferiores a aquella naturaleza, y que no pasan de la humana. Esto me parece heroísmo sin igual. Querer humillarse en el concepto de aquellos a quienes se va a conquistar (cuando en semejantes casos conviene tanto el alucinamiento), pide un corazón más que humano. No merece tal varón los nombres que le dan los que miran con más envidia que justicia sus hechos.

8º Viendo la calidad de la empresa, no le parece bastante autoridad la que le dió el gobernador Velázquez, y escribe en derechura a su soberano, dándole parte de lo que había ejecutado o inventaba ejecutar, y acepta el bastón que sus mismos súbditos le confieren. Prosigue tratando con suma prudencia a los americanos amigos, enemigos y neutrales.

9º Recoge el fruto de la sagacidad con que dejó las espaldas guardadas, habiendo construído y fortificado para este efecto a Veracruz en la orilla del mar, y paraje de su desembarco en el continente de México.

10º Descubre con notable sutileza, y castiga con brío, a los que tramaban una conjuración contra su heroica persona y glorioso proyecto.

11º Deja a la posteridad un ejemplo de valentía, nunca imitado después, y fué quemar y destruir la armada en que había hecho el viaje, para imposibilitar el regreso y poner a los suyos en la formal precisión de vencer o morir: frase que muchos han dicho y cosa que han hecho pocos.

12º Prosigue, venciendo estorbos de todas especies, hacia la capital del imperio. Conoce la importancia de la amistad con los tlascaltecas, la entabla y la perfecciona después de haber vencido al numerosísimo ejército de aquella república guerrera en dos campales batallas, precedidas de la derrota de una emboscada de cinco mil hombres. En esta guerra contra los tlascaltecas ha reparado un amigo mío, versado en las maniobras militares de los griegos y romanos, toda cuanta diferencia de evoluciones, ardides y táctica se hallan en Jenofonte, en Vejecio y otros autores de la antigüedad. No obstante, para disminuir la gloria de Cortés, dícese que eran bárbaros sus enemigos.

13º Desvanece las persuasiones políticas de Motezuma, que quería apartar a los tlascaltecas de la amistad

de sus vencedores. Entra en Tlascala como conquistador
y como aliado; establece la exacta disciplina en su ejército y a su imitación la establecen los indios en el suyo.

14º Castiga la deslealtad de Cholulo; llega a la lagu-
na de Méjico y luego a la ciudad; da la embajada a
Motezuma de parte de su rey Carlos.

15º Hace admirar sus buenas prendas entre los sabios y nobles de aquel imperio. Pero mientras Motezuma
le obsequia con fiestas de extraordinario lucimiento y
concurso, tiene Cortés aviso que uno de los generales
mejicanos, de orden de su emperador, había caído con
un numeroso ejército sobre la guarnicin de Veracruz,
mandada por Juan de Escalante, que había salido a apa-
ciguar aquellas cercanías; y con la apariencia de las
festividades se preparaba una increíble muchedumbre
para acabar con los españoles, divertidos en el falso
obsequio que se les hacía. En este lance, de que parecía
no poder salir por fuerza ni prudencia humanas, forma
una determinación de aquellas que algún genio superior
inspira a las almas extraordinarias. Prende a Motezuma
en su palacio, y en medio de su corte, y en el centro de su vasto imperio; llévasele a su alojamiento por
medio de la turba innumerable de vasallos, atónitos de
ver la desgracia de su soberano, no menos que la osadía
de aquellos advenedizos. No sé qué nombre darán a
este arrojo los enemigos de Cortés. Yo no hallo voz en
el castellano que exprese la idea que me inspira.

16º Aprovechó el terror que este arrojo esparció por
Méjico para castigar de muerte al general mejicano delante de su emperador, mandando poner grillos a Motezuma, mientras duraba la ejecución de esta increíble
escena, negando el emperador ser suya la comisión que
dió motivo a este suceso, acción que entiendo menos que
la anterior.

17º Sin derramar más sangre que ésta, consigue Cortés que el mismo Motezuma (cuya flaqueza de corazón
se aumentaba con la del espíritu y la de su familia) re-
conozca con todas las clases de sus vasallos a Carlos V
por sucesor suyo, y señor legítimo de Méjico y sus provincias; en cuya fe entrega a Cortés un tesoro considerable.

18º Dispónese a marchar a Veracruz con ánimo de
esperar las órdenes de la Corte; y se halla con noticias
de haber llegado a las costas algunos navíos españoles
con tropas mandadas por Pánfilo de Narváez, cuyo objeto es prenderle.

19º Hállase en la preplejidad de tener enemigos españoles, sospechosos amigos mejicanos, dudosa la volun-

tad de la Corte de España, riesgo de no acudir al desembarco de Narváez, peligro de salir de Méjico, y por
entre tantos sustos fíase en su fortuna, deja un subal-
terno suyo con ochenta hombres, y marcha a la orilla
del mar contra Pánfilo. Le asalta en su alojamiento y,
aunque tenía doble número de gente, queda vencido
y preso a los pies de Cortés, a cuyo favor se acaba de
declarar la fortuna con el hecho de pasarse al partido
del vencedor ochocientos españoles, y ochenta caballos
con doce piezas de artillería, que eran todas las tropas
de Narváez: nuevas fuerzas que la Providencia pone
en su mano para completar la obra.

20º Cortés vuelve a Méjico triunfante, y sabe a su
llegada que en su ausencia habían procurado destruir a
los españoles los vasallos de Motezuma, indignados de
la flojedad y cobardía con que había sufrido los grillos
que le puso el increíble arrojo de aquellos extranjeros.

21º Desde aquí empiezan los lances sangrientos que
causan tantas declamaciones. Sin duda es cuadro horroroso el que se descubre; pero nótese el conjunto de
circunstancias.

Los mejicanos, viéndole volver con este refuerzo, se
determinan a la total aniquilación de los españoles a
toda costa. De motín en motín, de traición en traición,
matando a su mismo soberano, y sacrificando a sus ídolos los varios soldados de Cortés que habían caído en
sus manos, ponen a los españoles en la precisión de
cerrar los ojos a la humanidad, y éstos por libertar sus
vidas, y en defensa natural de pocos más de mil contra
una multitud increíble de fieras (pues en tales se habían
convertido los indios), llenaron la ciudad de cadáveres,
combatiendo con más mortandad de enemigos que esperanza de seguridad propia, pues en una de las cortas
suspensiones de armas que hubo, le dijo un mejicano:
*Por cada hombre que pierdas tú, podemos perder veinte
mil nosotros; y aun así nuestro ejército sobrevirá al
tuyo.* Expresión que, verificada en el hecho, era capaz
de aterrar a cualquier ánimo que no fuera el de Cortés;
y precisión en que no se ha visto hasta ahora tropa
alguna del mundo.

En el Perú anduvieron menos humanos, dijo Nuño,
doblando el papel, guardando los anteojos, y descan-
sando de la lectura. Sí, amigo, lo confieso de buena fe:
mataron muchos hombres a sangre fría; pero a trueque
de esta imparcialidad que profeso, reflexionen los que
nos llaman bárbaros la pintura que he hecho de la com-
pra de los negros de que son reos los mismos que tanto
lastiman la suerte de los americanos. Créeme, Gazel,

créeme que si me diesen a escoger entre morir entre
las ruinas de mi patria en medio de mis magistrados,
parientes, amigos y conciudadanos, o ser llevado con mi
padre, mujer e hijos millares de leguas metido en el
entrepuente de un navío, comiendo habas y bebiendo
agua podrida, para ser vendido en América en mercado
público, y ser después empleado en los trabajos más
duros hasta morir, oyendo siempre los últimos ayes de
tanto moribundo amigo, paisano o compañero de mis
fatigas, no tardara en escoger la suerte de los primeros.
A lo que debes añadir, *que habiendo cesado tantos años
ha la mortandad de los indios, tal cual haya sido, y
durando todavía con trazas de nunca cesar la venta de
los negros, serán muy despreciables a los ojos de cualquier hombre imparcial cuanto nos digan y repitan sobre
este capítulo en verso o en prosa, en estilo serio o jocoso,
en obras voluminosas o en hojas sueltas, los continuos
mercaderes de carne humana.*

CARTA X

DEL MISMO AL MISMO

La poligamia entre nosotros está, no sólo autorizada
por el gobierno, sino mandada expresamente por la religión. Entre estos europeos la religión la prohibe y
la tolera la costumbre. Esto te parecerá extraño; no
me lo pareció menos; pero me confirma en que es verdad, no sólo la vista, pues suele engañarnos por la
apariencia de las cosas, sino la conversación de una noble cristiana, con quien concurrí el otro día a una casa.
La sala estaba llena de gentes, todas pendientes del labio
de un joven de veinte años, que había usurpado con
inexplicable dominio la atención del concurso. Si la
rapidez de estilo, volubilidad de lengua, torrente de voces, movimiento continuo de un cuerpo airoso y gestos
majestuosos formasen un orador perfecto, ninguno *puede*
serlo tanto. Hablaba un idioma particular; particular,
digo, porque aunque todas las voces eran castellanas, no
lo eran las frases. Tratábase de las mujeres, y se reducía
el objeto de su arenga a ostentar un sumo desprecio hacia aquel sexo. Cansóse mucho después de cansarnos a
todos, sacó un reloj, y dijo: —Ésta es la hora. Y de un
brinco se puso fuera del cuarto. Quedamos libres de
aquel tirano de la conversación, y empezamos a gozar
del beneficio del habla, que yo pensé disfrutar por de-

recho de naturaleza, hasta que la experiencia me enseñó que no había tal libertad. Así como al acabarse la tempestad vuelven los pajaritos al canto que les interrumpieron los truenos, así nos volvimos a hablar los unos a los otros; y yo, como más impaciente, pregunté a la mujer más inmediata a mi silla: —¿Qué hombres es éste?

—¿Qué quieres, Gazel, qué quieres que te diga? — respondió ella, con la cara llena de un afecto entre vergüenza y dolor—. Ésta es una casta nueva entre nosotros; una provincia nuevamente descubierta en la península; o por mejor decir, una nación de bárbaros que hacen en España una invasión peligrosa, si no se atajan sus primeros sucesos. Bástate saber que la época de su venida es reciente, aunque es pasmosa la rapidez de su conquista y la duración de su dominio.

Hasta entonces las mujeres, un poco más sujetas en el trato, estaban colocadas más altas en la estimación; viejos, mozos y niños nos miraban con respeto; ahora nos tratan con desprecio. Éramos entonces como los dioses Penates que los gentiles guardaban encerrados dentro de sus casas, pero con suma veneración; ahora somos como el dios Término, que no se guardaba con puertas ni cerrojos y quedaba en el campo expuesto a la irreverencia de los hombres, y aun de los brutos.

Según lo que te digo, y otro tanto que te callo y me dijo la cristiana, podrás inferir que los musulmanes no tratamos peor a la hermosa mitad del género humano: por lo que he ido viendo, saco la misma consecuencia; y me confirmo mucho más en ella con lo que oí pocos días ha a un mozo militar, sin duda hermano del que acabo de retratar en esta carta. Preguntóme cuántas mujeres componían mi serrallo. Respondí que, en vista de la tal cual altura en que me veo y atendida mi decencia precisa, había procurado siempre mantenerme con alguna ostentación; y que así, entre muchas, cuyos nombres apenas sé, tengo doce blancas y seis negras. Pues, amigo, dijo el mozo, yo, sin ser moro ni tener serrallo, ni aguantar los quebraderos de cabeza que acarrea el gobierno de tantas hembras, puedo jurarte que, entre las que me llevo de asalto, las que desean capitular y las que se me entregan sin aguantar sitio, salgo a otras tantas por día como tú tienes por toda tu vida entera y verdadera; calló y aplaudióse a sí mismo con una risita, a mi ver poco oportuna.

Ahora, amigo Ben-Beley, dieciocho mujeres por día en los trescientos sesenta y cinco del año de estos cristianos son seis mil quinientas setenta conquistas las de este Hernán Cortés del género femenino; y contando que este héroe gaste solamente desde los diez y siete años de su edad hasta los treinta y tres en tan horribles hazañas, tenemos que el total de sus prisioneras asciende en los diecisiete años de su vida a la suma y cantidad de ciento once mil seiscientas noventa prisioneras, salvo yerro de cuenta; y echando un cálculo prudencial de las que podrá encadenar en lo restante de su vida con menos osadía que en los años de armas tomar, añadiendo las que corresponden a los días que hay de pico sobre los trescientos sesenta y cinco de los años regulares en los que ellos llaman bisiestos, puedo decir que resulta que la suma total llega al pie de ciento cincuenta mil, número pasmoso de que no puede jactarse ninguna serie entera de emperadores turcos o persas.

De esto conjeturarás ser muy grande la relajación en las costumbres; lo es, sin duda, pero no total. Aun abundan matronas dignas de respeto, incapaces de admitir yugo tan duro como ignominioso y su ejemplo detiene a otras en la orilla misma del precipicio. Las débiles todavía conservan el conocimiento de su misma flaqueza, y profesan respeto a la fortaleza de las otras. Y desde la inmediación del trono sale un resplandor de virtud que alumbra como sol a las buenas y castiga como rayo a las malas. Hace muchos años que las joyas más preciosas de la corona son las virtudes de quien las lleva y la mano ocupada en el cetro detiene la rienda al vicio, que correría desenfrenado si no le sujetara mano tan invencible.

CARTA XI

DEL MISMO AL MISMO

Las noticias que hemos tenido hasta ahora en Marruecos de la sociedad o vida social de los españoles nos parecían muy buenas, por ser muy semejante aquélla a la nuestra, y ser muy natural en un hombre graduar por esta regla el mérito de los otros. Las mujeres guardadas bajo muchas llaves, las conversaciones de los hombres entre sí muy reservadas, el porte muy serio, las concurrencias pocas, y ésas sujetas a una etiqueta forzosa, y otras costumbres de este tenor, no eran tanto efectos de su clima, religión y gobierno, según quieren algunos, como monumentos de nuestro antiguo dominio. En ellas se ven permanecer reliquias de nuestro señorío, aun más que en los edificios que subsisten en Córdoba, Granada, Toledo y otras partes, pero la frecuencia en el trato de estos alegres nietos de aquellos graves abuelos ha introducido cierta amistad universal entre todos los ciudadanos de un pueblo, y para los forasteros cierta hospitalidad tan generosa que, en comparación de la antigua España, la moderna es una familia común en que son parientes, no sólo todos los españoles, sino todos los hombres.

En lugar de aquellos cumplidos cortos, que se decían las pocas veces que se hablaban, y eso de paso y sin detenerse, si venían encontrados; en lugar de aquellas reverencias pausadas y calculadas según a quién, por quién y delante de quién se hacían; en lugar de aquellas visitas de ceremonia, que se pagaban con tales y tales motivos; en lugar de todo esto, ha sobrevivido un torbellino de visitas diarias, continuas reverencias, impracticables a quien no tenga el cuerpo de goznes, estrechos abrazos y continuas expresiones amistosas, tan largas de recitar que uno como yo, poco acostumbrado a ellas, necesita tomar cinco o seis veces aliento antes de llegar al fin. Bien es verdad que para evitar este último inconveniente (que lo es hasta para los más prácticos) se suele tomar el medio término de pronunciar entre dientes la mitad de estas arengas, no sin mucho peligro de que el sujeto cumplimentado reciba injurias en vez de lisonjas de parte del cumplimentador.

Nuño me llevó anoche a una tertulia (así se llaman cierto número de personas que concurren con frecuencia a una conversación); presentóme al ama de la casa, porque has de saber que los amos no hacen papel en ellas: —Señora — dijo —, éste es un moro noble, calidad que basta para que le admitáis, y honrado, prenda suficiente para que yo le estime.

Desea conocer a España; me ha encargado de procurarle todos los medios para ello, y lo presento a toda esta amable tertulia (lo que dijo mirando por toda la sala). La señora me hizo un cumplido de los que acabo de referir, y repitieron otros iguales los concurrentes de uno y otro sexo. Aquella primer noche causó un poco de extrañeza mi modo de llevar el traje europeo y conversación; pero al cabo de otras tres o cuatro noches les era yo a todos tan familiar como cualquiera de ellos mismos. Algunos de los tertulianos me visitaron en mi posada, y las tertulianas me enviaron a cumplimentar sobre mi llegada a esta Corte, y a ofrecerme sus casas. Me hablaron en los paseos, y me recibieron sin susto cuando fui a cumplir con la obligación de visitarlas. Los

maridos viven naturalmente en barrio distinto del de
las mujeres, porque en las casas de éstas no hallé más
hombres que los criados y otros como yo, que iban a
visita. Los que encontré en la calle o en la tertulia, a
la segunda vez ya eran amigos míos; a la tercera, ya la
amistad era antigua; a la cuarta, ya se había olvidado
la fecha, y a la quinta me entraba y salía por todas
partes sin que me hablase alma viviente, ni siquiera el
portero, el cual, con la gravedad de su bandolera y bastón, no tenía por conveniente dejar su brasero y garita
por tan frívolo motivo, como lo era entrarse un moro
por la casa de un cristiano.

Aun más que en este ejemplo se comprueba la franqueza de los españoles de este siglo con la relación de
las mesas continuamente dispuestas en Madrid para cuantos se quieran sentar a comer. La primera vez que me
hallé en una de ellas conducido por Nuño, creí estar
en alguna posada pública, según la libertad, aunque tanto
lo desmentía la magnificencia de su aparato, la delicadeza de la comida y lo ilustre de la compañía. Díjeselo
así a mi amigo, manifestándole la confusión en que me
hallaba; y él, conociéndola y sonriéndose, me dijo: —El
amo de esta casa es uno de los mayores hombres de la
monarquía; importará doscientos pesos todos los años
lo que él mismo come, y gasta cien mil en su mesa.
Otros están en el mismo pie, y él y ellos son vasallos
que dan lustre a la corte; y sólo inferiores al soberano,
a quien sirven con tanta lealtad como esplendor. Que-
déme absorto, como tú quedarías si presenciaras lo que
lees en esta carta.

Todo esto sin duda es muy bueno, porque contribuye
a hacer al hombre cada día más sociable. El continuo
trato y franqueza descubren mutuamente los corazones
de los unos y de los otros; hace que se comuniquen las
especies, y se unan las voluntades. Así se lo estaba diciendo a Nuño, cuando noté que oía con mucha frialdad
lo que yo ponderaba con fervor; pero ¡cuál me sorpren-
dió cuando le oí lo siguiente!: —Todas las cosas son
buenas por un lado y malas por otro, como las medallas
que tienen anverso y reverso. Esta libertad en el trato
que tanto te hechiza, es como la rosa que tiene espinas
muy cerca del capullo. Sin aprobar la demasiada rigidez
del siglo XVI, no puedo tampoco conceder tantas ventajas a la libertad moderna. ¿Cuentas por nada la molestia que sufre el que quiere, por ejemplo, pasearse
solo una tarde por distraerse algún sentimiento, o por
reflexionar sobre algo que le importe? Conveniencia
que lograría en lo antiguo sólo con pasarse de largo

sin hablar a los amigos; y mediante esta franqueza que
alabas, se halla rodeado de importunos que le asaltan
con mil insulseces sobre el tiempo que hace, los coches
que hay en el paseo, color de la bata de tal dama, gusto
de libreas de tal señor y otras semejantes. ¿Parécete
poca incomodidad la que padece el que tenía ánimo de
encerrarse en su cuarto un día, para poner en orden
sus cosas domésticas o entregarse a una lectura que le
haga mejor o más sabio? Lo cual también conseguiría
en lo antiguo, a no ser el día de su santo o cumpleaños,
y en el método de hoy se halla con cinco o seis visitas
sucesivas de gentes ociosas que nada le importan, y que
sólo las hacen por no perder por falta de ejercitarlo el
sublime privilegio de entrar y salir por cualquier parte,
sin motivo ni intención. Si queremos alzar un poco el
discurso, ¿crees pequeño inconveniente, nacido de esta
libertad, el que un ministro, con la cabeza llena de
negocios arduos, tenga que exponerse, digámoslo así,
a las especulaciones de veinte desocupados, o tal vez
espías, que con motivo de la mesa franca van a visitarle
a la hora de comer y observan de qué plato come, de
qué vino bebe, con cuál convidado se familiariza, con
cuál habla mucho, con cuál poco, con cuál nada, a
cuál habla en secreto, a quién a voces, a quién pone
buena cara, a quién mala, a quién mediana? Piénsalo,
reflexiónalo, y verás. La falta de etiqueta en el actual
trato de las mujeres también me parece asunto de poca
controversia: si no has olvidado la conversación que
tuviste con una señora de no menos juicio que virtud,
podrás inferir que redundaba en honor de su sexo la
antigua austeridad del nuestro, aunque sobrase, como
no lo dudo, algo de aquel tesón, de cuyo extremo nos
hemos precipitado rápidamente en el otro. No puedo
menos de acordarme de la pintura que oí hacer muchas
veces a mi abuelo de sus amores, galanteo y boda con
la que fué mi abuela. Algún poco de rigor hubo por
cierto en toda la empresa; pero no hubo parte de ella
que no fuese un verdadero crisol de la virtud de la
dama, del valor del galán y del honor de ambos. La
casualidad de concurrir a un sarao en Burgos, la conducta de mi abuelo enamorado desde aquel punto, el
modo de introducir la conversación, el declarar su amor
a la dama, la respuesta de ella, el modo de experimentar
la pasión del caballero (y aquí se complacía el buen
viejo contando los torneos, fiestas, músicas, los desafíos
y tres campañas que hizo contra los moros por servirla
y acreditar su constancia), el modo de permitir ella
que se la pidiese a sus padres, las diligencias practicadas

entre las dos familias, no obstante la conexión que había
entre ellas, y, en fin, todos los pasos, hasta lograr el
deseado fin, indicaban merecerse mutuamente los novios.
Por cierto, decía mi abuelo, poniéndose sumamente grave, que estuvo a pique de descomponerse la boda por
la casualidad de haberse encontrado en la misma calle,
aunque a mucha distancia de la casa, una mañana de
San Juan, no sé qué escalera de cuerda, pedazos de guitarra, media linterna, al parecer de alguna ronda, y
otras varias reliquias de la quimera que había habido la
noche anterior, y había causado no pequeño escándalo;
hasta que se averiguó haber procedido todo este desorden de una cuadrilla de capitanes mozalbetes recién
venidos de Flandes que se juntaban aquellas noches en
una casa de juego del barrio, en la que vivía una famosa
dama cortesana.

CARTA XII

DEL MISMO AL MISMO

En Marruecos no tenemos idea de lo que por acá
se llama nobleza hereditaria, con que no me entenderías
si te dijese que en España no sólo hay familias nobles,
sino provincias que lo son por heredad. Yo mismo, que
lo estoy presenciando, no lo comprendo. Te pondré un
ejemplo práctico, y lo entenderás menos, como me sucede; y si no, lee:

Pocos días ha pregunté si estaba el coche pronto, pues
mi amigo Nuño estaba malo y yo quería visitarle. Me
dijeron que no. Al cabo de media hora hice igual pregunta, y hallé igual respuesta. Pasada otra media hora,
pregunté y me respondieron lo propio. Y de allí a poco
me dijeron que el coche estaba puesto, pero que el
cochero estaba ocupado. Indagué la ocupación al bajar las
escaleras, y él mismo me desengañó, saliéndome al encuentro y diciéndome: *Aunque soy cochero, soy noble.
Han venido unos vasallos míos y me han querido besar
la mano para llevar este consuelo a sus casas; con que
por eso me he detenido, pero ya despaché. ¿Adónde vamos?* Y al decir esto montó en la mula y arrimó el coche.

CARTA XIII

DEL MISMO AL MISMO

Instando a mi amigo cristiano a que me explicase qué es nobleza hereditaria, después de decirme mil cosas que yo no entendí, mostrándome estampas, que me parecieron de mágica, y figuras que tuve por capricho de algún pintor demente y, después de reírse conmigo de muchas cosas que decía ser muy respetables en el mundo, concluyó con estas voces, interrumpidas con otras tantas carcajadas de risa: —*Nobleza hereditaria es la vanidad que yo fundo en que ochocientos años antes de mi nacimiento muriese uno que se llamó como yo me llamo, y fué hombre de provecho, aunque yo sea inútil para todo.*

CARTA XIV

DEL MISMO AL MISMO

Entre las voces que mi amigo hace ánimo de poner en su diccionario, la voz *victoria* es una de las que necesitan más explicación, según se confunde en las gacetas modernas. Toda la guerra pasada — dice Nuño — estuve leyendo gacetas y mercurios, y nunca pude entender quién ganaba o perdía. Las mismas funciones en que me he hallado me han parecido sueños, según las relaciones impresas por su lectura, y no supe jamás cuándo habíamos de cantar el *Te Deum*, o el *Miserere*. Lo que sucede por lo regular es lo siguiente:

Dase una batalla sangrienta entre dos ejércitos numerosos, y uno o ambos quedan destruidos; pero ambos generales la envían pomposamente referida a sus cortes respectivas. El que más ventaja sacó, por pequeña que sea, incluye en su relación un estado de los enemigos muertos, leyendo, heridos y prisioneros, cañones, morteros, banderas, estandartes, timbales y carros tomados. Se anuncia la victoria en su corte con el *Te Deum*, campanas, iluminaciones, etc., etc. El otro asegura que no fué batalla, sino un pequeño choque de poca o ninguna importancia; que no obstante la grande superioridad del enemigo no rehusó la acción; que las tropas del rey hicieron maravillas; que se acabó la función con el día, y que no fiando su ejército a la oscuridad de la noche, se retiró metódicamente. También se canta el *Te Deum*, y se tiran cohetes en su corte; y todo queda problemático, menos la muerte de 20.000 hombres, que ocasiona la de otros tantos hijos huérfanos, padres desconsolados, madres viudas, etc., etc.

CARTA XV

DEL MISMO AL MISMO

En España, como en todos los países del mundo, las gentes de cada carrera desprecian a las de las otras. Búrlase el soldado del escolástico, oyéndole disputar *Utrum blictiri sit terminus logicus*. Búrlase éste del químico, empeñado en el hallazgo de la piedra filosofal. Éste se ríe del soldado que trabaja mucho sobre que la vuelta de la casaca tenga tres pulgadas de ancho, y no tres y media. ¿Qué hemos de inferir de todo esto? Que en todas las facultades humanas hay cosas ridículas.

CARTA XVI

DEL MISMO AL MISMO

Entre los manuscritos de mi amigo Nuño he hallado uno, cuyo título es: *Historia heroica de España*. Preguntándole qué significaba, me dijo que prosiguiese leyendo, y el prólogo me gustó tanto, que lo copio y te lo remito.

PRÓLOGO

No extraño que las naciones antiguas llamasen semidioses a los hombres grandes que hacían proezas superiores a las comunes fuerzas humanas. En cada país han florecido en tales y tales tiempos unos varones cuyo mérito ha pasmado a los otros. La patria, deudora a ellos de singulares beneficios, les dió aplausos, aclamaciones y obsequios. Por poco que el patriotismo inflamase aquellos ánimos, las ceremonias se volvían culto, el sepulcro altar, la casa templo; y venía el hombre grande a ser adorado por la generación inmediata a sus contempo-

ráneos; siendo alguna vez tan rápido este progreso que
sus mismos conciudadanos, conocidos y amigos toma-
ban el incensario y cantaban los himnos. La ceguedad
de aquellos pueblos sobre la idea de la deidad pudo
multiplicar este nombre. Nosotros, más instruidos, no
podemos admitir tal absurdo; pero hay una gran diferencia entre este exceso y la ingratitud con que tratamos
la memoria de nuestros héroes. Las naciones modernas
no tienen bastantes monumentos levantados a los nombres de sus varones ilustres. Si lo motiva la envidia de
los que hoy ocupan los puestos de aquéllos, temiendo
éstos que su lustre se eclipse por el de sus antecesores
y anhelen a superarlos; la eficacia del deseo por sí sola
bastará a igualar su mérito con el de otros.

De los pueblos que hoy florecen, el inglés es el solo
que parece adoptar esta máxima, y levanta monumentos
a sus héroes en la misma iglesia que sirve de panteón a
sus reyes; llegando a tanto su sistema, que hacen algunas veces igual obsequio a las cenizas de los héroes enemigos, para realzar la gloria de sus naturales.

Las demás naciones son ingratas a la memoria de los
que les han adornado y defendido. Ésta es una de las
fuentes de la desidia universal, o de la falta de entusiasmo de los generales modernos. Ya no hay patriotismo, porque ya no hay patria.

La francesa y la española abundan en héroes insignes, mayores que muchos de los que veo en los altares
de la Roma pagana. Los reinados de Francisco I, Enrique IV y Luis XIV han llenado de gloria los anales de
Francia; pero no tienen los franceses una historia de
sus héroes tan metódica como yo quisiera, y ellos merecen; pues sólo tengo noticia de la obra de monsieur
Perrault y ésta no trata sino de los hombres ilustres del
último de los tres reinados gloriosos que he dicho. En
lugar de llenar toda la Europa de tanta obra frívola como han derramado a millares en estos últimos años,
¿cuánto más beneméritos de sí mismos serían si nos
hubieran dado una obra de esta especie, escrita por algún hombre grande de los que tienen todavía en medio
del gran número de autores que no merecen tal nombre?

Éste era uno de los asuntos que yo había emprendi-
do, prosiguió Nuño, cuando tenía algunas ideas muy
opuestas a las de quietud y descanso que ahora me ocupan. Intenté escribir una historia heroica de España:
ésta era una relación de todos los hombres grandes que
ha producido la nación desde don Pelayo. Para el cimiento de esta obra tuve que leer con sumo cuidado

nuestras historias, así generales como particulares; y te juro que cada libro era una mina, cuya abundancia me envanece. El mucho número formaba la gran dificultad de la empresa, porque todos hubieran llegado a un tono exorbitante, y pocos hubieran sido de dificultosa elección. Entre tantos insignes, si cabe alguna preferencia que no agravie a los que excluye, señalaba como asuntos sobresalientes después de don Pelayo, libertador de su patria, don Ramiro, padre de sus vasallos; Pelaez de Correa, azote de los moros; Alonso Pérez de Guzmán, ejemplo de fidelidad; Cid Ruy Díaz, restaurador de Valencia; Fernando III, conquistador de Sevilla; Gonzalo Fernández de Córdoba, vasallo envidiable; Hernán Cortés, héroe mayor que los de la fábula; Leiva, Pescara y Basto, vencedores de Pavía, y Álvaro de Bazán, favorito de la fortuna.

¡Cuán glorioso proyecto sería el de levantar estatuas, monumentos y columnas de estos varones! Colocarlos en los parajes más públicos de la villa capital con un corto elogio de cada uno, citando la historia de sus hazañas, ¡qué mejor adorno de la corte! ¡Qué estímulo para nuestra juventud, que se criaría desde la niñez a vista de unas cenizas tan venerables! A semejantes ardides debió Roma en mucha parte el dominio del orbe.

CARTA XVII

DE BEN-BELEY A GAZEL

De todas sus cartas recibidas hasta ahora infiero que me pasaría en lo bullicioso y lucido de Europa lo mismo que experimento en el retiro de África, árida e insociable, como tú la llamas desde que te acostumbras a las delicias de Europa. Nos fastidia con el tiempo el trato de una mujer que nos encantó a primera vista; nos cansa un juego que aprendimos con ansias; nos molesta una música que al principio nos arrebató; nos empalaga un plato que nos deleitó la primera vez; la corte que al primer día nos encantó, después nos repugna; la soledad que nos parecía deliciosa la primera semana, nos causa después melancolía; la virtud sola es la cosa que es más amable cuando más la conocemos y cultivamos.

Te deseo bastante fondo de ella para alabar al Ser Supremo con rectitud de corazón; tolerar los males de la vida; no desvanecerte con los bienes; hacer bien a todos; vivir contento; esparcir alegría entre tus amigos; parti-

cipar sus pesadumbres, para aliviarles el peso de ellas;
y volver salvo y sabio al seno de tu familia, que te sa-
luda muy de corazón con vivísimos deseos de abrazarte.

CARTA XVIII

DE GAZEL A BEN-BELEY

Hoy sí que tengo una extraña observación que co-
municarte. Desde la primera vez que desembarqué en
Europa, no he observado cosa que me haya sorprendi-
do como la que te voy a participar en esta carta. Todos
los sucesos políticos de esta parte del mundo, por extraordinarios que sean, me parecen más fáciles de explicar que la frecuencia de pleitos entre parientes cerca-
nos, y aun entre hijos y padres. Ni el descubrimiento
de las Indias orientales y occidentales, ni la incorpora-
ción de las coronas de Castilla y Aragón, ni la formación de la República holandesa, ni la Constitución mixta
de la Gran Bretaña, ni la desgracia de la Casa de Stuart,
ni el establecimiento de la de Braganza, ni la cultura de
Rusia, ni suceso alguno de esta calidad, me sorprende
tanto como ver pleitear padres con hijos. ¿En qué puede
fundarse un hijo para demandar en justicia contra su
padre? ¿O en qué puede fundarse un padre para negar
alimentos a su hijo? Es cosa que no entiendo. Se han
empeñado los sabios de este país en explicarlo, y mi entendimiento en resistir a la explicación; pues se invier-
ten todas las ideas que tengo de amor paterno y amor
filial.

Anoche me acosté con la cabeza llena de lo que sobre
este asunto había oído, y me ocurrieron de tropel todas
las instrucciones que oí de tu boca, cuando me hablabas
en mi niñez sobre el carácter de padre y el rendimiento
de hijo. Venerable Ben-Beley, después de levantar las
manos al cielo, taparéme con ellas los oídos para impedir la entrada a voces sediciosas de jóvenes necios,
que con tanto desacato me hablan de la dignidad paterna. No escucho sobre este punto más voz que la de
la Naturaleza, tan elocuente en mi corazón, y más cuando tú la acompañaste con tus sabios consejos. Este vicio
europeo no llevaré yo a África. Me tuviera por más de-
lincuente que si llevase a mi patria la peste de Turquía.
Me verás a mi regreso humilde a tu vista y tan dócil
a tus labios como cuando me sacaste de entre los brazos
de mi moribunda madre, para servirme de padre por

la muerte de quien me engendró. Desde ahora acele-
raré mi vuelta para que no me contagie tan engañoso
que se hace apetecible al mismo que lo padece; volaré
hasta tus plantas; las besaré mil veces; postrado me
mantendré sin alzar los ojos del suelo, hasta que tus
benignas manos me lleven a tu pecho; reverenciaré en
ti la imagen de mi padre, y Dios desde la altura de su
trono... *Aquí está borrado el manuscrito*... Si con menos respeto te mirara, creo que vibraría la mano omni-
potente un rayo irresistible que me condujera a cenizas
con espanto del orbe entero, a quien mi nombre vendría
a ser escarmiento infeliz y de eterna memoria.

¡Qué mofa harían de mí algunos jóvenes europeos si
cayesen estos renglones en sus impías manos! ¡Cuánta
necedad brotaría de sus insolentes labios! ¡Cuán ridículo
objeto sería yo a sus ojos! Pero aun así, despreciaría el
escarnio de los malvados y me apartaría de ellos para
mantener mi alma tan blanca como la leche de las
ovejas.

CARTA XIX

DE BEN-BELEY A GAZEL EN RESPUESTA
A LA ANTERIOR

Como suben al cielo las aromas de las flores, y como
llegan a mezclarse con los celestes coros los trinos de
las aves, así he recibido la expresión de rendimiento que
me ha traído la carta en que abominas del desacato de
algunos jóvenes europeos hacia sus padres. Mantente
contra tan horrendas máximas, como la peña se mantiene contra el esfuerzo de las olas, y créeme que Alá mira
con bondad desde la altura de su trono a los hijos que
tratan con reverencia a sus padres, pues los otros se oponen absolutamente al establecimiento de la sabia economía que resplandece en la creación.

CARTA XX

DE BEN-BELEY A NUÑO

Veo con sumo gusto el aprovechamiento con que Gazel va viajando por tu país y los progresos que hace su
talento natural con el auxilio de tus consejos. Su entendimiento solo estaría tan lejos de serle útil sin tu dirección, que más serviría a alucinarle. A no haberte
puesto la fortuna en el camino de este joven, hubiera

malogrado Gazel su tiempo. ¿Qué se pudiera esperar de sus viajes? Mi Gazel hubiera aprendido, y mal, una infinidad de cosas; se llenaría la cabeza de especies sueltas, y hubiera vuelto a su patria ignorante y presumido. Pero aun así, dime, Nuño, ¿son verdaderas muchas de las noticias que me envía sobre las costumbres y usos de tus paisanos? Suspendo el juicio hasta ver tu respuesta. Algunas cosas me escribe incompatibles entre sí. Me temo que su juventud le engañe en algunas ocasiones y me represente las cosas, no como son, sino cuales se le representaron. Haz que te enseñe cuantas cartas me remita para que veas si me escribe con puntualidad lo que sucede o lo que se figura. ¿Sabes de dónde nace esta mi confusión y esta mi eficacia en pedirte que me saques de ellas, o por lo menos que impidas se aumente? Nace, cristiano amigo, nace de que sus cartas, que copio con exactitud, y suelo leer con frecuencia, me representan tu nación diferente de todas en no tener carácter propio, que es el peor carácter que puede tener.

CARTA XXI

DE BEN-BELEY A GAZEL EN RESPUESTA
A LA ANTERIOR

No me parece que mi nación esté en el estado que infieres de las cartas de Gazel, y según él mismo lo ha colegido de las costumbres de Madrid y alguna otra ciudad capital. Deja que él mismo te escriba lo que notare en las provincias, y verás cómo de ellas deduce que la nación es hoy la misma que era tres siglos ha. La multitud y variedad de trajes, costumbres, lenguas y usos es igual en todas las cortes por el concurso de extranjeros que acude a ellas; pero las provincias interiores de España, que por su poco comercio, malos caminos y ninguna diversión, no tienen igual concurrencia, producen hoy unos hombres compuestos de los mismos vicios y virtudes que sus quintos abuelos. Si el carácter español, en general, se compone de religión, valor y amor a su soberano, por una parte, y por otra de vanidad, desprecio a la industria (que los extranjeros llaman pereza) y demasiada propensión al amor; si este conjunto de buenas y malas cualidades componían el carácter nacional de los españoles cinco siglos ha, el mismo compone el de los actuales. Por cada petimetre que se vea mudar de modas siempre que se lo manda su peluquero o sastre,

habrá cien mil españoles que no han reformado un ápi-
ce en su traje antiguo. Por cada español que oigas algo
tibio en la fe, habrá un millón que sacarán la espada si
oyen hablar de tales materias. Por cada uno que se emplee en un arte mecánico, habrá un sinnúmero que están prontos a cerrar sus tiendas por ir a las Asturias o a
sus Montañas en busca de una ejecutoria. En medio de
esta decadencia aparente del carácter nacional, se descubren de cuando en cuando ciertas señales del antiguo
espíritu; ni puede ser de otro modo. Querer que una nación se quede con sus propias virtudes, y se despoje de
sus defectos propios para adquirir en su lugar las virtudes de las extrañas, es fingir otra república como la de
Platón. Cada nación es como cada hombre, que tiene
buenas y malas propiedades peculiares a su alma y cuerpo. Es muy justo trabajar en disminuir éstas y aumentar aquéllas; pero es imposible aniquilar lo que es parte de su constitución. El proverbio que dice: *Genio y figura hasta la sepultura*, sin duda se entiende de los
hombres, y mucho más de las naciones, que no son otra
cosa más que una junta de hombres, en cuyo número se
ven las calidades de cada individuo. No obstante, soy de
parecer que se deben distinguir las verdaderas prendas
nacionales de las que no lo son sino por abuso o preocupación de algunos, a quienes guía la ignorancia o
pereza. Ejemplares de esto abundan, y su examen me
ha hecho ver con mucha frialdad cosas que otros paisanos míos no saben mirar sin enardecerse. Daréte algún
ejemplo de los muchos que pudiera.

Oigo hablar con cariño y con respeto de cierto traje
muy incómodo que llaman a la española antigua. El cuento
es que el tal traje no es a la española antigua, ni a la moderna, sino totalmente extranjero para España, pues fué
traído por la Casa de Austria. El cuello está muy sujeto
y casi en prensa; los muslos, apretados; la cintura, ce-
ñida y cargada con una larga espada y otra más corta;
el vientre, descubierto por la hechura de la chupilla;
los hombros, sin resguardo; la cabeza, sin abrigo, y todo esto, que si no es bueno, ni español, es celebrado generalmente porque dicen que es español y bueno; y en
tanto grado aplaudido, que una comedia cuyos personajes se vistan a este modo, tendrá, por mala que sea, más
entradas que otra alguna, por bien compuesta que esté,
si le falta este ornamento.

La filosofía aristotélica con todas sus sutilezas, des-
terradas ya de toda Europa, y que sólo ha hallado asilo
en este rincón de ella, se defiende por algunos de nuestros viejos con tanto esmero e iba a decir con tanta fe

como un símbolo de la religión. ¿Por qué? Porque dicen que es doctrina siempre defendida en España, y que el abandonarla es desdorar la memoria de nuestros abuelos. Esto parece muy plausible; pero ha de saber, sabio africano, que en esta preocupación se envuelven dos absurdos a cual mayor. El primero en que habiendo todas las naciones de Europa mantenido algún tiempo el peripatecismo, y desechándolo después por otros sistemas de menos grito y más certidumbre, el dejarlo también nosotros no sería injuria a nuestros abuelos, pues no han pretendido injuriar a los suyos en esto los franceses e ingleses. Y el segundo es que el tal tejido de sutilezas, precisiones, trascendencias y otros semejantes pasatiempos escolásticos que tanto influjo tienen en las otras facultades, nos ha venido de fuera, como de ello se queja uno u otro hombre docto español tan amigo de la verdadera ciencia como enemigo de las hinchazones pedantescas, y sumamente ilustrado sobre lo que era o no era verdaderamente de España, y que escribía cuando empezaban a corromperse los estudios en nuestras universidades por el método escolástico que había venido de afuera; lo cual puede verse muy despacio en la apología de la literatura española, escrita por el célebre literato Alonso García Matamoros, natural de Sevilla, maestro de retórica de la Universidad de Alcalá de Henares, y uno de los hombres mayores que florecieron en el siglo nuestro de oro, es a saber, el décimosexto.

Del mismo modo, cuando se trató de introducir en nuestro ejército las maniobras, evoluciones, fuegos y régimen mecánico de la disciplina prusiana, gritaron algunos de nuestros inválidos diciendo que esto era un agravio manifiesto al ejército español, que sin el paso oblicuo, corto, regular y redoblado habían puesto a Felipe V en su trono, a Carlos en el de Nápoles, y a su hermano en el dominio de Parma; que sin oficiales introducidos en las divisiones había tomado a Orán y defendido a Cartagena; que todo esto habían hecho y estaban prontos a hacer con su antigua disciplina española, y que parecía tiranía cuando menos el quitársela. Pero has de saber que la disciplina no era española, pues al principio del siglo no había quedado ya memoria de la famosa y verdaderamente sabia disciplina que hizo florecer los ejércitos españoles en Flandes e Italia en tiempo de Carlos V y Felipe II; y mucho menos la invencible del Gran Capitán en Nápoles sino otra igualmente extranjera que la prusiana, pues era la francesa, con la cual fué entonces preciso uniformar tropas a las de Francia, no sólo porque convenía que los aliados maniobrasen del mismo modo, sino porque los ejércitos de Luis XIV eran la norma de todos los de Europa en aquel tiempo, como los de Federico lo son en los nuestros.

¿Sabes la triste consecuencia que se saca de todo esto? No es otra sino que el patriotismo mal entendido, en lugar de ser virtud, viene a ser un defecto ridículo y muchas veces perjudicial a la misma patria. Sí, Ben-Beley, tan poca cosa es el entendimiento humano, que si quiere ser un poco eficaz, muda la naturaleza de las cosas de buenas en malas por buenas que sean. La economía muy extremada es avaricia; la prudencia sobrada, cobardía; y el valor precipitado, temeridad.

Dichoso tú, que separado del bullicio del mundo empleas tu tiempo en inocentes ocupaciones, y no tienes que sufrir tanto delirio, vicio y flaqueza como abunda entre los hombres sin que apenas pueda el sabio distinguir cuál es vicio y cuál es virtud entre los varios móviles que los agitan.

CARTA XXII

DE GAZEL A BEN-BELEY

Siempre que las bodas no se forman entre personas iguales en haberes, genios y nacimientos, me parece que las cartas en que se anuncian a los parientes y amigos de las casas, si hubiera menos hipocresía en el mundo se pudieran reducir a estas palabras. *Con motivo de ser nuestra casa pobre y noble, enviamos nuestra hija a la de Craso, que es rica y plebeya. Con motivo de ser nuestro hijo tonto, mal criado y rico, pedimos para él la mano de N., que es discreta, bien criada y pobre.* O bien a éstas: *Con motivo de que es inaguantable la carga de tres hijas en una casa, las enviamos a que sean amantes y amadas de tres hombres, que ni las conocen ni son conocidos de ellas;* o a otras frases semejantes, salvo empero al acabar con el acostumbrado cumplido de *para que mereciendo la aprobación de vuestra merced, no falte circunstancia de gusto a este tratado,* porque es cláusula muy esencial.

CARTA XXIII

DEL MISMO AL MISMO

Hay hombres en este país que tienen por oficio el disputar. Asistí últimamente a unas juntas de sabios que llaman *Conclusiones*. Lo que son no lo sé, ni lo dijeron, ni sé si se entendieron; ni sé si se reconciliaron después, o si quedaron en el rencor que se manifestaron delante de una infinidad de gentes, de las cuales ni un hombre se levantó para apaciguarlos, no obstante el peligro en que estaban de darse puñaladas, según los gestos que se hacían y las injurias que se decían; ante los indiferentes estaban mirando con mucho sosiego, y aun con gusto la quimera de los adversarios. Uno de ellos, que tenía más de dos varas de alto, casi otras tantas de grueso, fuertes pulmones, voz gigante y ademanes de frenético, defendió por la mañana que una cosa era negra, y a la tarde que era blanca. Lo celebré infinito, pareciéndome esto un efecto de docilidad poco común entre los sabios; pero desengañéme, cuando vi que los mismos que por la mañana se habían opuesto con todo su brío, que no era corto, a que tal cosa fuese negra, se oponían igualmente por la tarde a que la misma fuese blanca. Y un hombre grave, que se sentó a mi lado, me dijo que esto se llamaba defender una cosa problemáticamente; que el sujeto que estaba luciendo su ingenio problemático era un mozo de muchas prendas y grandes esperanzas; pero que era, como si dijéramos, su primera compañía, y que los que le combatían eran ya hombres hechos a esas contiendas con cincuenta años de iguales fatigas, soldados veteranos, acuchillados y aguerridos. —Setenta años —me dijo— he gastado y he criado estas canas —añadió, quitándose una especie de turbante pequeño y negro— asistiendo a estas tareas; pero en ninguna vez, de las muchas que se han suscitado estas cuestiones, las he visto tratar con el empeño que hoy.

Nada entendí de todo esto. No puedo comprender qué utilidad pueda sacarse de disputar setenta años una misma cosa sin el gusto, ni aun siquiera la esperanza de aclararla. Y comunicando este lance con Nuño, me dijo que en su vida había disputado dos minutos seguidos, porque en aquellas cosas humanas en que no cabe la demostración, es inútil la controversia, pues en la vanidad del hombre, su ignorancia y preocupación, todo ar-

gumento permanece indeciso, quedando cada argumen-
tante en la persuasión de que su antagonista no entiende
la cuestión o no quiere confesarse vencido. Soy del dictamen de Nuño, y no dudo que tú lo fueras si oyeras las
disputas literarias de España.

CARTA XXIV

DEL MISMO AL MISMO

Uno de los motivos de la decadencia de las artes en
España es sin duda la repugnancia que tiene todo hijo
a seguir la carrera de sus padres. En Londres, por ejemplo, hay tienda de zapatero que ha ido pasando de padres a hijos por cinco o seis generaciones, aumentándose
el caudal de cada poseedor sobre el que dejó su padre
hasta tener casas de campo y haciendas considerables
en las provincias, gobernados estos estados por él mismo desde el banquillo en que preside a los mozos de za-
patería en la capital. Pero en este país cada padre quiere colocar a su hijo más alto, y si no el hijo tiene buen
cuidado de dejar a su padre más abajo; con cuyo método
ninguna familia se fija en gremio alguno determinado
de los que contribuyen al bien de la república por la
industria, comercio o labranza, procurando todos con
increíble anhelo colocarse por este o por el otro medio
en la clase de los nobles, menoscabando a la república
en lo que producirían si trabajaran. Si se redujese siquiera su ambición de ennoblecerse al deseo de descansar y vivir felices, tendría alguna excusa moral este
defecto político; pero suelen trabajar más después de
ennoblecidos.

En la misma posada en que vivo se halla un caballero que acaba de llegar de Indias con un caudal considerable. Inferiría cualquiera racional que, conseguido ya
el dinero, medio para todos los descansos del mundo,
no pensaría el indiano más que en gozar de lo que fué
a adquirir por varios modos a muchos millares de leguas. Pues no, amigo. Me ha comunicado un plan de
operaciones para toda su vida, aunque cumpla doscientos
años. —Ahora me voy —me dijo— a pretender un hábito; luego un título de Castilla; después un empleo en
la corte; con ésto buscaré una boda ventajosa para mi
hija; pondré un hijo en tal parte; otro en cuál parte; ca-
saré otra hija con un marqués; otra con un conde. Luego pondré pleito a un primo mío sobre cuatro casas que

se están cayendo en Vizcaya; después otro a un tío segundo sobre un dinero que dejó un primo segundo de
mi abuelo—. Interrumpí su serie de proyectos, diciéndole: —Caballero, si es verdad que os halláis con seiscientos mil pesos duros en oro o plata, tenéis ya cincuenta años cumplidos, y una salud algo dañada por los
viajes y trabajos, ¿no sería más prudente consejo escoger la provincia más saludable del mundo, establecerse en
ella, buscar todas las comodidades de la vida, pasar con
descanso lo que os queda de ella, amparar a los parientes pobres, hacer bien a vuestros vecinos, y esperar con
tranquilidad el fin de vuestros días sin acarreároslo con
tantos proyectos, todos de ambición y codicia? —No, señor —me respondió con furia—; como yo lo he ganado
que lo ganen otros. Sobresalir entre los ricos, aprove-
charme de la miseria de alguna familia noble para en
ella hacer casa, son los tres objetos que debe llevar un
hombre como yo—. Y en esto se salió a hablar con una
cuadrilla de escribanos, procuradores, agentes y otros,
que le saludaron con el tratamiento que las pragmáti-
cas señalan para los grandes del reino; lisonjas que naturalmente acabarán con lo que fué el fruto de sus viajes
y fatigas, y que eran cimiento de su esperanza y necedad.

CARTA XXV

DEL MISMO AL MISMO

En mis viajes por distintas provincias de España he
tenido ocasión de pasar repetidas veces por un lugar cuyo nombre no tengo ahora presente. En él observé que
un mismo sujeto en mi primer viaje se llamaba Pedro
Fernández; en el segundo oí que le llamaban sus vecinos el señor Pedro Fernández; en el tercero oí que su
nombre era señor D. Pedro Fernández. Causóme esta
diferencia de tratamiento en un mismo hombre.

—No importa —dijo Nuño—. Pedro Fernández siempre será Pedro Fernández.

CARTA XXVI

DEL MISMO AL MISMO

Por la última tuya veo cuán extraña te ha parecido la diversidad de las provincias que componen esta monarquía. Después de haberlas visitado, hallo muy verdadero el informe que me había dado Nuño de esta diversidad.

En efecto; los cántabros, entiendo por este nombre todos los que hablan el idioma vizcaíno, son unos pueblos sencillos y de notoria probidad. Fueron los primeros marineros de Europa, y han mantenido siempre la fama de excelentes hombres de mar. Su país, aunque sumamente áspero, tiene una población numerosísima, que no parece disminuirse aún con las continuas colonias que envía a la América. Aunque un vizcaíno se ausente de su patria, siempre se halla en ella como se encuentre con paisanos suyos. Tienen entre sí tal unión, que la mayor recomendación que puede uno tener para con otro es el mero hecho de ser vizcaíno, sin más diferencia entre varios de ellos para alcanzar el favor de poderoso que la mayor o menor inmediación de los lugares respectivos. El señorío de Vizcaya, Guipúzcoa, Álava y el reino de Navarra tienen tal pacto entre sí, que algunos llaman a estos países las provincias unidas de España.

Los de Asturias y las Montañas hacen sumo aprecio de su genealogía, y de la memoria de haber sido aquel país el que produjo la reconquista de toda España con la expulsión de nuestros abuelos. Su población es sobrada para la estrechez de la tierra, hace que un número considerable de ellos se emplee continuamente en Madrid en la librea, que es la clase inferior de criados; de modo que si yo fuese natural de este país, y me hallara con coche en la corte, examinaría con mucha madurez los papeles de mis cocheros y lacayos, por no tener algún día la mortificación de ver un primo mío echar cebada a mis mulas, o a uno de mis tíos limpiarme los zapatos. Sin embargo de todo esto, varias familias respetables de esta provincia se mantienen con el debido lustre; son acreedoras a la mayor consideración, y producen continuamente oficiales del mayor mérito en el ejército.

Los gallegos, en medio de la pobreza de su tierra, son robustos; se esparcen por la península a emprender los trabajos más duros, para llevar a sus casas algún dinero físico a costa de tan penosa industria. Sus soldados, aunque carecen de aquel lucido exterior de otras naciones, son excelentes para la infantería por su subordinación, dureza de cuerpo y hábito de sufrir incomodidades de hambre, sed y cansancio.

Los castellanos son, de todos los pueblos del mundo, los que merecen la primacía en lealtad. Cuando el ejército del primer rey de España de la casa de Francia quedó arruinado en la batalla de Zaragoza, la sola provincia de Soria dió a su rey un ejército nuevo con que salir a campaña, y fué el que ganó la victoria, de donde resultó la destrucción del ejército y bando austríaco. El ilustre historiador que refiere las revoluciones del principio de este siglo con todo el rigor y verdad que pide la historia para distinguirse de la fábula, pondera tanto la fidelidad de estos pueblos, que dice serán eternos en la memoria de los reyes. Esta provincia aun conserva cierto orgullo nacido de su antigua grandeza, que hoy no se conserva sino en las ruinas de las ciudades, y en la honradez de sus habitantes.

Extremadura produjo los conquistadores del nuevo mundo, y ha continuado siendo madre de insignes guerreros. Sus pueblos son poco afectos a las letras; pero los que entre ellos las han cultivado, no han tenido menos suceso que sus compatriotas en las armas.

Los andaluces, nacidos y criados en un país abundante, delicioso y ardiente, tienen fama de ser algo arrogantes; pero si este defecto es verdadero, debe servirles de excusa su clima, siendo tan notorio el influjo de lo físico sobre lo moral. Las ventajas con que la Naturaleza dotó a aquellas provincias hacen que miren con desprecio la pobreza de Galicia, la aspereza de Vizcaya y la sencillez de Castilla; pero como quiera que todo esto sea, entre ellos ha habido hombres insignes que han dado mucho honor a toda España; y en tiempos antiguos los Trajanos, Sénecas y otros semejantes, que pueden envanecer el país en que nacieron. La viveza, astucia y atractivo de las andaluzas las hace incomparables. Te aseguro que una de ellas sería bastante para llenar de confusión al imperio de Marruecos, de modo que todos nos matásemos unos a otros.

Los murcianos participan del carácter de los andaluces y valencianos. Estos últimos están tenidos por hombres de sobrada ligereza, atribuyéndose este defecto al clima y suelo, pretendiendo algunos que hasta en los mismos alimentos falta aquel jugo que se halla en los de los otros. Mi imparcialidad no me permite someterme a esta preocupación, por general que sea; antes debo observar que los venecianos de este siglo son los españoles

que más progresos hacen en las ciencias positivas y
lenguas muertas.

Los catalanes son los pueblos más industriosos de España. Manufacturas, pesca, navegación, comercio y asien-
tos, son cosas apenas conocidas de los demás pueblos de
la península, respecto de los de Cataluña. No sólo son
útiles en la paz, sino del mayor uso en la guerra. Fundición de cañones, fábricas de armas, vestuario y mon-
tura para ejército, conducción de artillería, municiones
y víveres, formación de tropas ligeras de excelente calidad, todo esto sale de Cataluña. Los campos se cultivan, su población se aumenta, los caudales crecen y, en
suma, parece esta nación a mil leguas de la gallega,
andaluza y castellana. Pero sus genios son poco trata-
bles, únicamente dedicados a su propia ganancia e interés. Algunos los llaman los holandeses de España. Mi
amigo Nuño me dice que esta provincia florecerá mientras no se introduzca en ella el lujo personal y la manía
de ennoblecerse los artesanos: dos vicios que se oponen
al genio que hasta ahora los ha enriquecido.

Los aragoneses son hombres de valor y espíritu, honrados, tenaces en su dictamen, amantes de su provincia
y notablemente preocupados a favor de sus paisanos.
En otros tiempos cultivaron con suceso las ciencias y
manejaron con mucha gloria las armas contra los franceses en Nápoles y contra nuestros abuelos en España.
Su país, como todo lo restante de la península, fué sumamente poblado en la antigüedad, y tanto, que es
común tradición entre ellos, y aun lo creo punto de su
historia, que en las bodas de uno de sus reyes entraron
en Zaragoza diez mil infanzones con un criado cada uno,
montando los veinte mil otros tantos caballos de la
tierra.

Por causa de los muchos siglos que todos estos pueblos
estuvieron divididos, guerrearon unos con otros, hablaron distintas lenguas, se gobernaron por diferentes leyes, llevaron distintos trajes y, en fin, fueron naciones
separadas, se mantuvo entre ellos cierto odio, que sin
duda ha minorado, y aun llegado a aniquilarse; pero
aun se mantiene cierto despego entre los de provincias
lejanas; y si esto puede dañar en tiempo de paz, porque
es obstáculo considerable para la perfecta unión, puede
ser ventajoso en tiempo de guerra por la mutua emulación de unos con otros. Un regimiento todo aragonés
no mirará con frialdad la gloria adquirida por una
tropa toda castellana, y un navío todo tripulado de vizcaínos no se rendirá al enemigo mientras se defienda
uno lleno de catalanes.

CARTA XXVII

DEL MISMO AL MISMO

Toda la noche pasada me estuvo hablando mi amigo Nuño de una cosa que llaman fama póstuma. Éste es un fantasma que ha alborotado muchas provincias y quitado el sueño a muchos hasta secarles el cerebro y hacerles perder el juicio. Alguna dificultad me costó entender lo que era; pero lo que aun ahora no puedo comprender es que haya hombres que apetezcan la tal fama. Cosa que yo no he de gozar, no sé por qué he de apetecerla. Si después de morir en opinión de hombre insigne hubiese yo de volver a segunda vida en que sacase el fruto de la fama que mereciesen las acciones de la primera, y que esto fuese indefectible, sería cosa muy cuerda: trabajar en la actual para la segunda era una especie de economía, aun mayor y más plausible que la del joven que guarda para la vejez; pero, Ben-Beley, ¿de qué me servirá? ¿Qué puede ser este deseo que vemos en algunos tan ineficaz de adquirir tan inútil ventaja? En nuestra religión y en la cristiana, el hombre que muere no tiene ya conexión temporal con los que quedan vivos. Los palacios que fabricó no le han de hospedar, ni ha de comer el fruto del árbol que dejó plantado, ni ha de abrazar los hijos que dejó; ¿de qué, pues, le sirven los hijos, los huertos, los palacios? ¿Será, acaso, la quinta esencia de nuestro amor propio este deseo de dejar nombre a la posteridad? Sospecho que sí. Un hombre que logró atraerse la consideración de su país o siglo, conoce que va a perder el humo de tanto incensario desde el instante que expire. Conoce que va a ser igual con el último de sus esclavos. Su orgullo padece en este instante un abatimiento tan grande como lo fué la suma de todas las lisonjas recibidas mientras adquirió la fama. ¿Por qué no he de vivir eternamente —dícese a sí mismo— recibiendo los aplausos que voy a perder? ¿Voces tan agradables no han de volver a lisonjear mis oídos? ¿El gustoso espectáculo de tanta rodilla hincada ante mí no ha de volver a deleitar mi vista? ¿La turba de los que me necesitan ha de volverme la espalda? ¿Han de tener ya por objeto de asco y horror al que fué para ellos un Dios tutelar, a quien temblaban airado y aclamaban piadoso? Semejantes reflexiones le atormentan en la muerte; pero hace

el último esfuerzo su amor propio, y le engaña diciendo:
tus hazañas llevarán tu nombre de siglo en siglo a la
más remota posteridad, la fama no se oscurece con el
humo de la hoguera, ni se corrompe con el polvo del
sepulcro. Como hombre, te comprende la muerte; como
héroe, la vences. Ella misma se hace la primera esclava
de tu triunfo, y su guadaña el primero de tus trofeos.
La tumba es una cuna nueva para semidioses como tú;
en su bóveda han de resonar las alabanzas que te can-
tarán futuras generaciones. Tu sombra ha de ser tan
venerada por los hijos de los que viven, como lo fué tu
presencia entre sus padres. Hércules, Alejandro y otros,
¿no viven? ¿Acaso han de olvidarse sus nombres? Con
estos y otros iguales delirios se aniquila el hombre. Muchos de este carácter inficionan toda la especie, y anhelan a inmortalizarse algunos que ni aun en su vida son
conocidos.

CARTA XXVIII

DE BEN-BELEY A GAZEL EN RESPUESTA
A LA ANTERIOR

He leído muchas veces la relación que me haces de
esa especie de locura que llaman deseo de fama póstuma. Veo lo que me dices del exceso del amor propio,
de donde nace esa necedad de querer un hombre sobre-
vivirse a sí mismo. Creo, como tú, que la fama póstuma
de nada sirve al muerto, pero puede servir a los vivos
con el estímulo del ejemplo que deja el que ha falle-
cido. Tal vez éste es el motivo del aplauso que logra.

En este supuesto, ninguna fama póstuma es apreciable
sino la que deja un hombre de bien. Que un guerrero
transmita a la posteridad la fama de conquistador con
monumentos de ciudades asaltadas, naves incendiadas,
campos abrasados, provincias despobladas, ¿qué ventajas producirá su nombre? Los siglos venideros sabrán
que hubo un hombre que destruyó medio millón de
hermanos suyos; nada más. Si algo más se produce de
esta inhumana noticia será tal vez enardecer el tierno
pecho de algún joven príncipe; llenarle la cabeza de
ambición y el corazón de dureza; hacerle dejar el gobierno de su pueblo y la administración de justicia para
ponerse a la cabeza de cien mil hombres que esparzan
el terror y llanto por todas las provincias vecinas. Que
un sabio sea nombrado con veneración por muchos siglos, con motivo de algún descubriento nuevo en las

que se llaman ciencias, ¿qué fruto sacarán los hombres? Dar motivo de risa a otros sabios posteriores, que demostrarán ser engaño lo que el primero dió por punto evidente. Nada más; si algo más sale de aquí, es que los hombres se envanezcan de lo poco que saben, sin considerar lo mucho que ignoran.

La fama póstuma del justo y bueno tiene otro mayor y mejor influjo en los corazones de los hombres, y puede causar superiores efectos en el género humano. Si nos hubiéramos aplicado a cultivar la virtud tanto como las armas y las letras, y si en lugar de las historias de los guerreros y los literatos se hubieran escrito con exactitud las vidas de los hombres buenos, tal obra, ¡cuánto más provechosa sería! Los niños en las escuelas, los jueces en los tribunales, los reyes en los palacios, los padres de familia en el centro de ella, leyendo pocas hojas en semejante libro, aumentarían su propia bondad y la ajena, y con la misma mano desarraigarían la propia y la ajena maldad.

El tirano, al ir a cometer un horror, se detendría con la memoria de los príncipes que contaban por perdido el día de su reinado que no se señalaba con algún efecto de benignidad. ¿Qué madre prostituiría a sus hijas? ¿Qué marido se volvería verdugo de su mujer? ¿Qué insolente abusaría de la flaqueza de una inocente virgen? ¿Qué padre maltrataría a su hijo? ¿Qué hijo no adoraría a su padre? ¿Qué esposa violaría el lecho conyugal? Y, en fin, ¿quién sería malo, acostumbrado a leer tantos actos de bondad? Los libros frecuentes en el mundo apenas tratan sino de venganzas, rencores, crueldades y otros defectos semejantes, que son las acciones celebradas de los héroes, cuya fama póstuma tanto nos admira. Si yo hubiese sido siglos ha un hombre de estos insignes y resucitase ahora a recoger los frutos del nombre que dejé aún permanente, sintiera mucho oír estas o semejantes palabras: Ben-Beley fué uno de los principales conquistadores que pasaron el mar con Tarif; su alfanje dejó las huestes cristianas como la siega deja el campo en que hubo trigo; las aguas del Guadalete se volvieron rojas con la sangre goda que él solo derramó; tocáronle muchas leguas del terreno conquistado; le hizo cultivar por muchos millares de españoles; con el trabajo de otros tantos se mandó fabricar dos alcázares suntuosos: uno en los fértiles campos de Córdoba, y otro en la deliciosa Granada; adornólos ambos con el oro y plata que le tocaron en el reparto de los despojos; mil españolas de singular belleza se ocupaban en su delicia y servicio. Llegado ya a una gloriosa

vejez, le consolaron muchos hijos dignos de besar la
mano de tal padre; instruídos por él, llevaron nuestros
pendones hasta la falda de los Pirineos e hicieron a su
padre abuelo de una prole numerosa, que el cielo pareció multiplicar para la total aniquilación del nombre
español. En estas hojas, en estas piedras, en estos bronces están los hechos de Ben-Beley. Con esta lanza atra-
vesó a Atanagildo; con esta espada degolló a Endeca, con
aquel puñal mató a Valia, etc.

Nada de esto lisonjearía mi oído. Semejantes voces
harían estremecer mi corazón. Mi pecho se partiría como
la nube que despide el rayo. ¡Cuán diferentes afectos
me causaría oír!: Aquí yace Ben-Beley, que fué buen
hijo, buen padre, buen esposo, buen amigo, buen ciudadano. Los pobres le querían porque les aliviaba en
las miserias; los magnates también, porque tenía el orgullo de competir con ellos. Amábanle los extraños, porque hallaban en él la justa hospitalidad. Llóranle los
propios porque han perdido un dechado vivo de virtudes.
Después de una larga vida, gastada toda en hacer bien,
murió, no sólo tranquilo, sino alegre, rodeado de hijos,
nietos y amigos, que llorando repetían: No merecía vivir
en tan malvado mundo. Su muerte fué como el ocaso
del sol, que es glorioso y resplandeciente, y deja siempre luz a los astros que quedan en su ausencia.

Sí, Gazel; el día que el género humano conozca que
su verdadera gloria y ciencia consiste en la virtud, mi-
rarán los hombres con tedio a los que tanto les pasma
ahora. Estos Aquiles, Ciros, Alejandros y otros héroes de
armas y los iguales en letras dejarán de ser repetidos
con frecuencia; y los sabios, que entonces merecerán
este nombre, andarán indagando a costa de muchos desvelos los nombres de los que cultivan las virtudes que
hacen al hombre feliz. Si tus viajes no te mejoran en
ellas; si la virtud que empezó a brillar en tu corazón
desde niño como matiz en la tierna flor no se aumenta
con lo que veas y oigas, volverás tal vez más erudito
en las ciencias europeas, o más lleno del furor y entusiasmo soldadesco; pero miraré como perdido el tiempo
de tu ausencia. Si al contrario, como lo pido a Alá, han
ido creciendo tus virtudes al paso que te acercas más a
tu patria, semejante al río que toma notable incremento
al paso que llega al mar, me parecerán tantos años más
de vida concedidos a mi vejez los que hayas gastado en
tus viajes.

CARTA XXIX

Cuando hice el primer viaje por Europa, te di noticia de un país que llaman Francia, que está más allá de los montes Pirineos. Desde Inglaterra me fué muy fácil y corto el tránsito. Registré sus provincias septentrionales; llegué a su capital, pero no pude examinarle a mi gusto por ser corto el tiempo que podía gastar entonces en ello, y ser mucho el que se necesita para ejecutarlo con provecho. Ahora he visto la parte meridional de ella, saliendo de España por Cataluña y entrando por Guipúzcoa, inclinándome hasta León por un lado y Burdeos por otro.

Los franceses están mal queridos en este siglo, como los españoles lo estaban en el anterior, sin duda porque uno y otro siglo han sido precedidos de las eras gloriosas respectivas de cada nación, que fué la de Carlos I para España, y la de Luis XIV para Francia. Esto último es más reciente, con que también es más fuerte su efecto; pero bien examinada la causa, creo hallar mucha preocupación de parte de todos los europeos contra los franceses. Conozco que el desenfreno de alguno de sus jóvenes, la mala conducta de otros que viajan fuera de su país, profesando un sumo desprecio de todo lo que no es Francia; el lujo que ha corrompido la Europa y otros motivos semejantes repugnan a todos sus vecinos más sobrios, a saber: al español religioso, al italiano político, al inglés soberbio, al holandés avaro y al alemán áspero; pero la nación entera no debe padecer la nota por culpa de algunos individuos. En ambas vueltas que he dado por Francia he hallado en sus provincias (que siempre mantienen las costumbres más puras que la capital) un trato humano, cortés y afable para los extranjeros, no producido de la vanidad que les resulta de que se les visite y admire (como puede suceder en París), sino dimanado verdaderamente de un corazón franco y sencillo, que halla gusto en procurárselo al desconocido. Ni aun dentro de su capital, que algunos pintan como centro de todo el desorden, confusión y lujo, faltan hombres verdaderamente respetables. Todos los que llegan a cierta edad son, sin duda, los hombres más sociables del universo; porque desvanecidas las tempestades de su juventud, les queda el fondo de una índole sincera, prolija educación (que en este país es común) y exterior agradable, sin la astucia del italiano, la soberbia del inglés, la aspereza del alemán, la avaricia del holandés ni el despego del español. En llegando a los cuarenta años, se transforma el francés en otro hombres distinto de lo que era a los veinte. El militar concurre al trato civil con suma urbanidad, el magistrado con sencillez, el particular con sosiego; y todos con ademanes de agasajar al extranjero que se halla medianamente introducido por su embajador, calidad, talento u otro motivo. Se entiende todo esto entre la gente de forma que, con la mediana y común, el mismo hecho de ser extranjero es una recomendación superior a cuantas puede llevar el que viaja.

La misma desenvoltura de los jóvenes, insufrible a quien no los conoce, tiene un no sé qué que los hace amables. Por ella se descubre todo el hombre interior, incapaz de rencores, astucias bajas ni intención dañada. Como procuro indagar precisamente el carácter verdadero de las cosas y no graduarlas por las apariencias, casi siempre engañosas, no me parece tan odioso aquel bullicio y descompostura por lo que llevo dicho. Del mismo dictamen es mi amigo Nuño, no obstante lo quejoso que está de que los franceses no sean igualmente imparciales cuando hablan de los españoles. Estábamos el otro día en una casa de concurrencia pública, donde se vende café y chocolate, con un joven francés de los que acabo de pintar y que por cierto en nada desmentía el retrato. Reparando yo aquellos defectos comunes de su juventud, me dijo Nuño: —¿Ves todo ese estrépito, alboroto, saltos y gritos, votos, ascos que hace de España, esto que dice de los españoles y trazas de acabar con todos los que estamos aquí? Pues apostemos a que si cualquiera de nosotros se levanta y le pide la última peseta que tiene se la da con mil abrazos. ¡Cuánto más amable es su corazón que el de aquel desconocido que ha estado haciendo tantos elogios de nuestra nación por el lado mismo que nos consta a nosotros ser defectuosa! Óyele, y escucharás que dice mil primores de nuestros caminos, posadas, carruajes, espectáculos, etc. Acaba de decir que se tiene por feliz de venir a morir en España, que da por perdidos todos los años de su vida que no ha pasado en ella. Ayer estuvo en la comedia del *Negro más prodigioso:* ¡cuánto la alabó! Esta mañana estuvo por rodar toda la escalera envuelto en una capa, por no saber manejarla, y nos dijo con mucha dulzura que la capa es un traje muy cómodo, airoso y muy de su genio. Más quiero a mi francés, que

nos dijo ayer haber leído 1.400 comedias españolas y no
haber hallado siquiera una escena regular. Sabe, amigo
Gazel — añadió Nuño —, que esa juventud, en medio de
su superficialidad y arrebato, ha hecho siempre prodigios de valor en servicio de su rey y defensa de su
patria. Cuerpos militares de esa misma traza que ves
forman el nervio del ejército de Francia. Parece increíble que con todo el lujo de los persas tienen todo el
valor de los macedonios. Lo han demostrado en varios
lances, pero con singular gloria en la batalla de Fonte-
noy, arrojándose con espada en mano sobre una infantería formidable, compuesta de naciones duras y guerreras, y la deshicieron totalmente, ejecutando entonces
lo que no había podido lograr su ejército entero lleno de
oficiales y soldados del mayor mérito.

De aquí inferirás que cada nación tiene su carácter,
que es un mixto de vicios y virtudes, en el cual los vicios
pueden apenas llamarse tales si producen en la realidad
algunos buenos efectos; y éstos se ven sólo en los lances
prácticos, que suelen ser muy diversos de los que se
esperaban por mera especulación.

CARTA XXX

DEL MISMO AL MISMO

Reparo que algunos tiene singular complacencia en
hablar delante de aquellos a quienes creen ignorantes,
como los oráculos hablaban al vulgo necio y engañado.
Aunque mi humor fuese hablar mucho, creo que sería
de mayor gusto para mí el aparentar necedad y oír el
discurso del que se cree sabio, o proferir de cuando en
cuando algún desatino, con lo que daría mayor pábulo
a su vanidad y a mi diversión.

CARTA XXXI

DE BEN-BELEY A GAZEL

De las cartas que recibo de tu parte después que estás
en España, y las que me escribiste en otros viajes, infiero una gran contradicción en los españoles común a
todos los europeos. Cada día alaban la libertad, que les
nace del trato civil y sociable, la ponderan y se envane-

cen de ella; pero al mismo tiempo se labran a sí mismos la más penosa esclavitud. La naturaleza les impone leyes como a todos los hombres; la religión les añade otras; la patria, otras; las carreras de honor y fortuna, otras; y como si no bastasen todas estas cadenas para esclavizarlos, se imponen a sí mismos otros muchos preceptos espontáneamente en el trato civil y diario, en el modo de vestirse, en la hora de comer, en la especie de diversión, en la calidad del pasatiempo, en el amor y en la amistad. ¡Pero qué exactitud en observarlos! ¡Cuánto mayor que en la observancia de los otros!

CARTA XXXII

DEL MISMO AL MISMO

Acabo de leer el último libro de los que me has enviado en los varios viajes que has hecho por Europa, con el cual llegan a algunos centenares las obras europeas de distintas naciones y tiempos las que he leído. Gazel, Gazel, sin duda tendrás por grande absurdo lo que voy a decirte; y si publicas éste mi dictamen, no habrá europeo que no me llame bárbaro africano; pero la amistad que te profeso es muy grande para dejar de corresponder con mis observaciones a las tuyas, y mi sinceridad es tanta que en nada puede mi lengua hacer traición a mi pecho. En este supuesto, digo que de los libros que he referido he hecho la siguiente separación: He escogido cuatro de matemáticas, en los que admiro la extensión y acierto que tiene el entendimiento humano cuando va bien dirigido. Otros tantos de filosofía escolástica, en que me asombra la variedad de ocurrencias extraordinarias que tiene el hombre cuando no procede sobre principios ciertos y evidentes. Uno de medicina, al que falta un tratado completo de los simples, cuyo conocimiento es mil veces mayor en África. Otro de anatomía, cuya lectura fué sin duda la que dió motivo al cuento del loco que se figuraba tan quebradizo como el vidrio. Dos de los que reforman las costumbres, en los que advierto lo mucho que aun tienen que reformar. Cuatro del conocimiento de la Naturaleza, ciencia que llaman física, en los que noto lo mucho que ignoraron nuestros abuelos y lo mucho más que tendrán que aprender nuestros nietos. Algunos de poesía, delicioso delirio del alma, que prueba ferocidad en el hombre si la aborrece, puerilidad si la profesa toda la vida, y suavidad si la cultiva algún tiempo. Todas las demás obras de las ciencias humanas las he arrojado o distribuído, por parecerme inútiles extractos, compendios defectuosos y copias imperfectas de lo ya dicho y repetido mil veces.

CARTA XXXIII

DE GAZEL A BEN-BELEY

En mis viajes por la península me hallo de cuando en cuando con algunas cartas de mi amigo Nuño, que se mantiene en Madrid. Te enviaré copia de algunas y empiezo por la siguiente, en que habla de ti sin conocerte.

Copia

Amado Gazel: Estimaré que continúes tu viaje por la península con felicidad. No extraño tu detención en Granada: es ciudad de antigüedades del tiempo de tus abuelos; su suelo es delicioso y sus habitantes son amables. Yo continúo haciendo la vida que sabes y visitando la tertulia que conoces. Otras pudiera frecuentar, pero, ¿a qué fin? He vivido con hombres de todas clases, edades y genios; mis años, mi humor y mi carrera me precisaron a tratar y congeniar sucesivamente con varios sujetos: milicia, pleitos, pretensiones y amores me han hecho entrar y salir con frecuencia en el mundo. Los lances de tanta escena como he presenciado, ya como individuo de la farsa o ya como del auditorio, me han hecho hallar tedio en lo ruidoso de las gentes, peligro en lo bajo de la república y delicia en la medianía.

¿Habría cosa más fastidiosa que la conversación de aquellos que pesan el mérito del hombre por el de la plata y oro que posee? Éstos son los ricos. ¿Habrá cosa más cansada que la compañía de los que no estiman a un hombre por lo que es, sino por lo que fueron sus abuelos? Éstos son los nobles. ¿Cosa más vana que la concurrencia de aquellos que apenas llaman racional al que no sabe el cálculo algebraico o el idioma caldeo? Éstos son los sabios. ¿Cosa más insufrible que la concurrencia de los que vinculan todas las ventajas del entendimiento humano en juntar una colección de medallas o en saber qué edad tenía Cátulo cuando compuso el *Pervigilium Veneris*, si es suyo, o de quién sea, en caso de no serlo del dicho? Éstos son los eruditos. En ningún concurso de éstos ha depositado naturaleza el bien social de los hombres. Envidia, rencor y vanidad ocupan demasiado tales pechos para que en ellos quepa la verdadera alegría, la conversación festiva, la chanza inocente, la mutua benevolencia, el agasajo sincero y la amistad, en fin, madre de los bienes sociales. Ésta sólo se halla entre los hombres que se miran sin competencia.

La semana pasada envié a Cádiz las cartas que me dejaste para el sujeto de aquella ciudad a quien has encargado las dirija a Ben-Beley. También escribo a este anciano como me lo encargas. Espero con la mayor ansia su respuesta, para confirmarme en el concepto que me has hecho formar de sus virtudes, menos por la relación que me hiciste de ellas que por lo que veo en tu persona. Prendas cuyo origen puede atribuirse en gran parte a sus consejos y crianza.

CARTA XXXIV

DE GAZEL A BEN-BELEY

Con más rapidez que la ley de nuestro profeta se derramó por Asia y África han visto los cristianos de este siglo extenderse en sus países una secta de hombres extraordinarios que se llaman proyectistas. Éstos son unos entes que, sin particular patrimonio propio, pretenden enriquecer los países en que se hallan, ya como naturales o ya como advenedizos. Hasta en España, cuyos habitantes no han dejado de ser alguna vez demasiado tenaces en conservar sus antiguos usos, se hallan varios de estos innovadores de profesión. Mi amigo Nuño me decía, hablando de esta secta, que jamás había podido mirar uno de ellos sin llorar o reír, según la disposición de humores en que se hallaba.

—Bien sé yo —decía ayer mi amigo a un proyectista— que desde el siglo XVI hemos perdido los españoles el terreno que algunas otras naciones han adelantado en varias ciencias y artes. Largas guerras, lejanas conquistas, urgencias de los primeros reyes austríacos, desidia de los últimos, división de España al principio del siglo, continua extracción de hombres para las Américas y otras causas, han detenido sin duda el aumento del floreciente estado en que dejaron esta monarquía los reyes don Fernando V y su esposa doña Isabel; de modo que, lejos de hallarse en el pie que aquéllos pudieron esperar en vista de su gobierno tan sabio y del plantío de los hombres grandes que dejaron, halló Felipe V su herencia en el estado más infeliz: sin ejército, marina, comercio, rentas ni agricultura, y con el desconsuelo de tener que abandonar todas las ideas que no fuesen de la guerra, durando ésta casi sin cesar en los cuarenta y seis años de su reinado. Bien sé que para igualar nuestra patria con otras naciones es preciso cortar muchos ramos podridos de este venerable tronco, ingerir otros nuevos, darle un fomento continuo; pero no por eso le hemos de aserrar por medio, ni cortarle las raíces, ni menos me harás creer que para darle su antiguo vigor es suficiente ponerle hojas postizas y frutos artificiales. Para hacer un edificio en que vivir no basta la abundancia de los materiales y obreros; es preciso examinar el terreno para los cimientos, los genios de los que le han de habitar, la calidad de sus vecinos y otras mil circunstancias, como la de no preferir la hermosura de la fachada a la comodidad de las viviendas. —Los canales —dijo un proyectista, interrumpiendo a Nuño — son de tal alta utilidad que, el hecho solo de negarlo acreditaría a cualquiera de necio. Tengo un proyecto para hacer uno en España, el cual se ha de llamar canal de San Andrés, porque ha de tener la figura de las aspas de aquel bendito mártir. Desde La Coruña ha de llegar a Cartagena, y desde el cabo de Rosas hasta el de San Vicente. Se han de cortar estas dos líneas en Castilla la Nueva, formando una isla, a la que se pondrá mi nombre para inmortalizar el proyectista. En ella se me ha de levantar un monumento para cuando muera, y han de venir en romería todos los proyectistas del mundo para pedir al cielo los ilumine. Perdónese esta corta digresión a un hombre ansioso de fama póstuma. Ya tenemos, a más de las ventajas civiles y políticas de este archicanal, una división geográfica de España muy cómodamente hecha en septentrional, meridional, occidental y oriental. Llamo meriodional la parte comprendida desde la isla hasta Gibraltar; occidental la que se contiene desde el citado paraje hasta las orillas del mar Océano por la costa de Portugal y Galicia; oriental, lo de Cataluña y Valencia; septentrional la cuarta parte restante. Hasta aquí lo material de mi proyecto. Ahora entra lo sublime de mis especulaciones dirigido al mejor expediente de las providencias dadas, más fácil administración de justicia y mayor felicidad de los pueblos. Quiero que en cada una de estas partes se hable un idioma y se estile un traje. En la septentrional ha de hablarse precisamente vizcaíno; en la meridional, andaluz cerrado; en la oriental, catalán, y en la occidental, gallego. El traje en la septentrional ha de ser como el de los maragatos, ni más ni menos; en la segunda, montera granadina muy alta, capote de dos faldas y ajustador de ante; en la tercera, gambeto catalán y gorro encarnado, y en la cuarta, calzones blancos, largos, con todo el restante del equipaje que traen los segadores gallegos. Ítem, en cada una de las mencionadas, citadas y referidas cuatro partes integrantes de la península quiero que haya su iglesia patriarcal, su universidad mayor, su capitanía general, su chancillería, su intendencia, su casa de contratación, su seminario de nobles, su hospicio general, su departamento de marina, su tesorería, su casa de moneda, sus fábricas de lana, seda y lienzos, su aduana general. Ítem, la corte irá mudándose según las cuatro estaciones del año por las cuatro partes: el invierno en la meridional, el verano en la septentrional, *et sic de caeteris*.

Fué tanto lo que aquel hombre iba diciendo sobre su proyecto, que sus secos labios iban padeciendo notable perjuicio, como se conocía en las contorsiones de boca, convulsiones de cuerpo, vuelta de ojos, movimiento de lengua y todas las señales de verdadero frenético. Nuño se levantó por no dar más pábulo al frenesí del pobre delirante y sólo le dijo al despedirse: —¿Sabéis lo que falta en cada parte de vuestra España cuadripartita? Una casa de locos para los proyectistas de Norte, Sur, Poniente y Levante.

—¿Sabes lo malo de esto? —díjome, volviendo la espalda al otro—. Lo malo es que la gente, desazonada con tanto proyecto frívolo, se preocupa contra las innovaciones útiles, y que éstas, admitidas con repugnancia, no surten los buenos efectos que producirían si hallasen los ánimos más sosegados. —Tienes razón, Nuño —respondí yo—. Si me obligaran a lavarme la cara con trementina, luego con aceite, luego con tinta y luego con pez, me repugnaría tanto el lavarme que luego no me lavaría gustoso ni con agua de la fuente más cristalina.

CARTA XXXV

DEL MISMO AL MISMO

En España, como en todas partes, el lenguaje se muda al mismo paso que las costumbres; y es que, como las voces son invenciones para representar las ideas, es preciso que se inventen palabras para explicar la impresión que hacen las costumbres nuevamente introducidas. Un español de este siglo gasta cada minuto de las veinticuatro horas en cosas totalmente distintas de aquellas en que el bisabuelo consumía el tiempo; éste, por consiguiente, no dice una palabra de las que al otro se le ofrecían. —Si me dan hoy a leer —decía Nuño— un papel escrito por un galán del tiempo de don Enrique el Enfermo refiriendo a su dama la pena en que se halla ausente de ella, no entendería una sola cláusula por más que estuviese escrito de letra excelente, moderna, aunque fuese de la mejor de las Escuelas Pías. Pero en recompensa, ¿qué chasco se llevaría uno de mis tatarabuelos si hallase, como me sucedió pocos días ha, un papel de mi hermana a una amiga suya que vive en Burgos? Moro mío, te lo leeré, lo has de oír y, como lo entiendas, tenme por hombre extravagante. Yo mismo, que soy español por todos cuatro costados, y que si no me debo preciar de saber el idioma de mi patria a lo menos puedo asegurar que lo estudio con cuidado, yo mismo no entendí la mitad de lo que contenía. En vano me quedé con copia del dicho papel; llevado de mi curiosidad me di prisa a extractarlo, apuntando las voces y frases más notables, llevé mi nuevo vocabulario de puerta en puerta, suplicando a todos mis amigos arrimasen el hombro al gran negocio de explicármelo. No bastó mi ansia ni su deseo de favorecerme. Todos ellos se hallaron tan suspensos como yo por más tiempo que gastaron en revolver calepinos y diccionarios. Sólo un sobrino que tengo, muchacho de veinte años, que trincha una liebre, baila un minuet y destapa una botella con más aire que cuantos hombres han nacido de mujeres, me supo explicar algunas voces; con todo, su fecha era de este mismo año.

Tanto me movieron estas razones a deseo de leer la carta, que se la pedí a Nuño. Sacóla de su cartera y, poniéndose los anteojos, me dijo: —Amigo, ¿qué sé yo si leyéndotela te revelaré flaquezas de mi hermana y secretos de mi familia? Quédame el consuelo de que no lo entenderás. Dice así: «Hoy no ha sido día en mi apartamento hasta medio día y medio. Tomé dos tazas de té; púseme un deshabillé y bonete de noche; hice un tour en mi jardín, y leí cerca de ocho versos del segundo acto de la Zaira. Vino Mr. Labanda; empecé mi toaleta; no estuvo el abate. Mandé pagar mi modista. Pasé a la sala de compañía; me sequé toda sola. Entró un poco de mundo; jugué una partida de mediator; tiré las cartas. Jugué al piquete. El maître d'hôtel avisó. Mi nuevo jefe de cocina es divino; él viene de arribar de París. La crapaudina, mi plato favorito, estaba delicioso. Tomé café y licor. Otra partida de quince; perdí mi todo.

Fuí al espectáculo; la pieza que han dado es execrable;
la pequeña pieza que han anunciado para lunes que
viene es muy galante; pero los actores son pitoyables;
los vestidos, horribles; las decoraciones, tristes. La Ma-
yorita cantó una cavatina pasablemente bien. El actor
que hace los criados es un poquito extremoso; sin eso
sería pasable. El que hace los amorosos no jugaría mal;
pero su figura no es preveniente. Es menester tomar paciencia, porque es preciso matar el tiempo. Salí al acto
tercero y me volví de allí a casa. Tomé de la limonada;
entré en mi gabinete para escribirte ésta, porque soy
tu veritable amiga. Mi hermano no abandona su humor
de misántropo; él siente todavía furiosamente el siglo
pasado, yo no le pondré jamás en estado de brillar, ahora quiere irse a su provincia. Mi primo ha dejado a la
joven persona que él entretenía. Mi tío ha dado en la
devoción; ha sido en vano que yo he pretendido hacerle
entender la razón. Adiós, mi querida amiga, hasta otra
posta; y ceso, porque me traen un dominó nuevo a en-
sayar».

Acabó Nuño de leer, diciéndome: —¿Qué has sacado
en limpio de todo esto? Por mi parte te aseguro que antes de humillarme a preguntar a mis amigos el sentido
de estas frases, me hubiera sujetado a estudiarlas, aunque hubiesen sido precisas cuatro horas por la mañana y cuatro por la tarde durante cuatro meses. Aquello de *medio día y medio*, y que no había sido día hasta mediodía, me volvía loco, y todo se me iba en mirar
el sol, a ver qué nuevo fenómeno ofrecía aquel astro. Lo
del *deshabillé*, también me apuró, y me di por vencido.
Lo del *bonete de noche* o de día, no pude comprender
jamás qué uso tenga en la cabeza de una mujer. *Hacer un tour*, puede ser una cosa muy santa y muy buena; pero suspendo el juicio hasta enterarme. Dice que
leyó de la *Zaira* hasta unos ocho versos; sea enhorabuena; pero no sé qué es *Zaira*. Monsieur de Labanda dice
que vino; bien venido sea monsieur de Labanda, pero no
le conozco. Empezó su *toaleta;* esto yo lo entendí, gracias
a mi sobrino, que me lo explicó, no sin bastante trabajo,
según mis cortas entendederas, burlándose de que su
tío es hombre que no sabe lo que es *toaleta*. También
me dijo lo que era *modista, piquete, maitre d'hotel* y
otras palabras semejantes. Lo que no me supo explicar,
de modo que yo acá me hiciese bien cargo de ello, fué
aquello de que *el jefe de cocina es divino;* también lo
de *matar* el tiempo, siendo así que el tiempo es quien
nos mata a todos, fué cosa que tampoco se me hizo fácil
de entender, aunque mi intérprete habló mucho, y, sin

duda, muy bueno sobre este particular. Otro amigo, que sabe griego, o a lo menos dice que lo sabe, me explicó lo que era *Misántropo,* cuyo sentido yo indagué con sumo cuidado, por ser cosa que me tocaba personalmente; y a la verdad que una de dos: o mi amigo no me lo explicó cual es, o mi hermana no lo entendió, y siendo ambos casos posibles, y no como quiera, sino sumamente posibles, me creo obligado a suspender por ahora el juicio hasta tener mejores informes. Lo restante me lo entendí tal cual, ingeniándome a mi modo y estudiando acá con paciencia, constancia y trabajo.

Ya se ve —prosiguió Nuño— cómo había de entender esta carta el conde Fernán Gonzalo, si en su tiempo no había *te,* ni *deshabillé,* ni *bonete de noche,* ni había *Zaira,* ni *monsieur Banda,* ni *toaletas,* ni *modistas,* ni los *cocineros eran divinos,* ni se conocían *crapaudinas,* ni café, ni más licores que el agua y el vino.

Aquí lo dejó Nuño. Pero yo te aseguro, amigo Ben-Beley, que esta mudanza de modas es muy incómoda, hasta para el uso de las palabras, uno de los mayores beneficios en que la naturaleza nos dotó. Siendo tan frecuentes estas mutaciones, y tan arbitrarias, ningún español, por bien que hable su idioma este mes, puede decir: el mes que viene entenderé la lengua que me hablen mis vecinos, mis amigos, mis parientes y criados. Por todo lo cual, dice Nuño, mi parecer y dictamen, salvo *meliori,* es que en cada un año se fijen las costumbres para el siguiente, y, por consecuencia, se establezca el idioma que se ha de hablar durante sus trescientos y sesenta y cinco días. Pero como quiera esta mudanza dimana en gran parte o en todo de los caprichos, invenciones y codicias de sastres, zapateros, ayudas de cámara, modistas, reposteros, cocineros, peluqueros y otros individuos igualmente útiles al vigor y gloria de los estados, convendrá que cierto número igual de cada gremio celebre varias juntas, en las cuales quede este punto evacuado; y de resultas de estas respetables sesiones vendan los ciegos por las calles públicas en los últimos meses de cada año, al mismo tiempo que el Kalendario, Almanack y Piscator, un papel que se intitule, poco más o menos: *Vocabulario nuevo al uso de los que quieran entenderse y explicarse con la gente de moda, para el año de mil setecientos y tantos, y siguientes, aumentado, revisto y corregido por una Sociedad de varones insignes, con los retratos de los más principales.*

CARTA XXXVI

DEL MISMO AL MISMO

Prescindiendo de la corrupción de la lengua, consiguiente a la de las costumbres, el vicio de estilo más universal en nuestros días es el frecuente uso de una especie de antítesis, como el del equívoco lo fué en el siglo pasado. Entonces un orador no se detenía en decir un desatino de cualquiera clase que fuese por no desperdiciar un equivoquillo pueril y ridículo; ahora se expone a lo mismo por aprovechar una contraposición, falsa muchas veces. Por ejemplo, en el año de mil seiscientos setenta diría un panegirista en la oración fúnebre de uno que por casualidad se llamase Fulano Vivo: «Vengo a predicar con viveza la muerte del vivo que murió para el mundo, y con moribundos acentos la vida del muerto que vive en las lenguas de la fama». Pero en mil setecientos setenta, un gacetista que escribiese una expedición hecha por los españoles en América, no se detendría un minuto en decir: «Estos españoles hicieron en estas conquistas las mismas hazañas que los soldados de Cortés sin cometer las crueldades que aquéllos ejecutaron».

CARTA XXXVII

DEL MISMO AL MISMO

Reflexionando sobre la naturaleza del diccionario que quería publicar mi amigo Nuño, veo que, efectivamente, se han vuelto muy oscuros y confusos los idiomas. Lo más extraño es que los dos adjetivos *bueno* y *malo* ya no se usan; en su lugar se han puesto otros que, lejos de ser equivalentes, pueden causar confusión en el trato común.

Pasaba yo un día por el frente de un regimiento formado en parada, cuyo aspecto infundía terror. Oficiales de distinción y experiencia, soldados veteranos, armas bien acondicionadas, banderas que daban muestras de las balas que habían recibido y todo lo restante del aparato, verdaderamente guerrero, daba la idea más alta del poder que lo mantenía. Admiréme de la fuerza que manifestaba tan buen regimiento; pero las gentes

que pasaban le aplaudían por otro término. —¡Qué oficiales tan bonitos! —decía una dama desde el coche.
—¡Hermoso regimiento! —dijo un general galopando
por el frente de banderas. —¡Qué tropa tan lucida! —
decían unos. —¡Bella gente! —decían otros. Pero ninguno dijo: —Este regimiento está bueno.

Me hallé poco ha en una concurrencia en que se hablaba de un hombre que se deleitaba en fomentar ci-
zaña en las familias, suscitar pleitos entre los vecinos,
sorprender doncellas inocentes y promover toda especie de vicios. Unos decían: —Fatal es ese hombre.
Otros: —¡Qué lástima que tenga esas cosas! Pero nadie
decía: —Ése es un hombre malo.

Ahora, Ben-Beley, ¿qué te parece de una lengua en
que se han quitado las voces *bueno* y *malo*? ¿Y qué te
parece de unas costumbres que han hecho tal reforma
en la lengua?

CARTA XXXVIII

DEL MISMO AL MISMO

Uno de los defectos de la nación española, según el
sentir de las demás europeas, es el orgullo. Si esto es así,
es muy extraña la proporción en que este vicio se nota
entre los españoles, pues crece según disminuye el carácter del sujeto, parecido en algo a lo que los físicos
dicen haber hallado en el descenso de los graves hacia el centro; tendencia que crece mientras más baja el cuerpo que la contiene. El rey lava los pies a
doce pobres en ciertos días del año, acompañado de
sus hijos, con tanta humanidad, que yo, sin entender
el sentido religioso de esta ceremonia, cuando asistí a
ella me llené de ternura y prorrumpí en lágrimas. Los
magnates o nobles de primera jerarquía, aunque de
cuando en cuando hablan de sus abuelos, se familiari-
zan hasta con sus íntimos criados. Los nobles menos
elevados hablan con más frecuencia de sus conexio-
nes, entronques y enlaces. Los caballeros de las ciudades ya no son algo pesados en punto a nobleza. Antes de visitar a un forastero o admitirle en sus casas, in-
dagan quién fué su quinto abuelo, teniendo buen cuidado de no bajar un punto de esta etiqueta, aunque sea
en favor de un magistrado del más alto mérito y ciencia, ni de un militar lleno de heridas y servicios. Lo más
es que aunque uno y otro forastero tengan un origen de
los más ilustres, siempre se mira como tacha inexcusa-

ble el no haber nacido en la ciudad donde se halla de paso; pues se da por regla general que nobleza como ella no la hay en todo el reino.

Todo lo dicho es poco en comparación de la vanidad de un hidalgo de aldea. Éste se pasea majestuosamente en la triste plaza de su pobre lugar, embozado en su mala capa, contemplando el escudo de armas que cubre la puerta de su casa medio caído y dando gracias a la providencia divina de haberle hecho don Fulano de Tal. No se quitará el sombrero (aunque lo pudiera hacer sin desembozarse); no saludará al forastero que llega al mesón, aunque sea el general de la provincia o el presidente del primer tribunal de ella. Lo más que se digna hacer es preguntar si el forastero es de casa solar conocida al fuero de Castilla; qué escudo es el de sus armas, y si tiene parientes conocidos en aquellas cercanías.

Pero lo que te ha de pasmar es el grado en que se halla este vicio en los pobres mendigos. Piden limosna; si se les niega con alguna aspereza, insultan al mismo a quien poco ha suplicaban. Hay un proverbio por acá que dice: «El alemán pide limosna cantando, el francés llorando y el español regañando.»

CARTA XXXIX

DEL MISMO AL MISMO

Pocos días ha me enteré una mañana en el cuarto de mi amigo Nuño antes que él se levantase. Hallé su mesa cubierta de papeles, y arrimándome a ellos con la libertad que nuestra amistad nos permite, abrí un cuadernillo, que tenía por título *Observaciones y reflexiones sueltas.* Cuando pensé hallar una cosa, por lo menos mediana, hallé que era un laberinto de materias sin conexión. Junto a una reflexión muy seria sobre la inmortalidad del alma, hallé otra acerca de la danza francesa, y entre dos relativas a la patria potestad, una sobre la pesca del atún. No pude menos de extrañar este desarreglo, y aun se lo dije a Nuño, quien sin alterarse ni hacer más movimiento que suspender la acción de ponerse una media, en cuyo movimiento le cogió mi reparo, me respondió: —Mira, Gazel; cuando intenté escribir mis observaciones sobre las cosas del mundo y las reflexiones que de ellas nacen, creí también sería justo disponerlas en varias órdenes, como religión, política, mora, filosofía, etcétera; pero cuando vi el ningún método que el mundo guarda en sus cosas, no me pareció digno de que estudiase mucho el de escribirlas. Así como vemos al mundo mezclar lo sagrado con lo profano, pasar de lo importante a lo frívolo, confundir lo malo con lo bueno, dejar un asunto para emprender otro, retroceder y adelantar a un tiempo, afanarse y descuidarse, mudar y afectar constancia, ser firme y aparentar ligereza, así también yo quiero escribir con igual desarreglo. Al decir esto prosiguió vistiéndose, mientras fuí hojeando el manuscrito.

Extrañé también que un hombre tan amante de su patria tuviese tan poco escrito sobre el gobierno de ella; a lo que me dijo: —Se ha escrito tanto, con tanta variedad en tan diversos tiempos, y con tan distintos fines sobre el gobierno de las monarquías, que ya poco se puede decir de nuevo que sea útil a los Estados, o de beneficio para los autores.

CARTA XL

DEL MISMO AL MISMO

Paseábame yo con Nuño la otra tarde por la calle principal de la corte, muy divertido de ver la variedad de gentes que le hablaban, y a quienes él respondía. — Todos mis conocidos son mis amigos —me decía—, porque como saben que a todos quiero bien, todos me corresponden. No es el género humano tan malo como otros lo suelen pintar, y como efectivamente le hallan los que no son buenos. Uno que desea y anhela continuamente a engrandecerse y enriquecerse a costa de cualquiera prójimo suyo, ¿qué derecho tiene a hallar ni aun pretender el menor rastro de humanidad entre los hombres sus compañeros? ¿Qué sucede? Que no halla sino recíprocas injusticias en los mismos que le hubieran producido abundante cosecha de beneficios, si él no hubiera sembrado tiranías en sus pechos. Se irrita contra lo que es natural, y declama contra lo que él mismo ha causado. De aquí tantas invectivas contra el hombre, que de suyo es un animal tímido, sociable, cuitado.

Seguimos nuestra conversación y paseo, sin que el hilo de ella interrumpiese a mí amigo el cumplimiento con el sombrero o con la mano a cuantos encontrábamos a pie o en coche. Por esta urbanidad, que es casi religión en Nuño, me pareció sumamente extraña su falta de atención para con un anciano de venerable presencia que pasó junto a nosotros, sin que mi amigo le saludase, ni hiciese el menor obsequio, cuando merecía tanto su aspecto. Pasaba de ochenta años; abundantes canas le cubrían la cabeza majestuosa y frente arrugada; apoyábase en un bastón costoso; le sostenía con respeto un lacayo de librea magnífica; iba recibiendo reverencias del pueblo, y en todo daba a entender un carácter respetable.

—El culto con que veneramos a los viejos —me dijo Nuño— suele ser a veces más supersticioso que debido. Cuando miro a un anciano que ha gastado su vida en alguna carrera útil a la patria, le miro sin duda con veneración; pero cuando el tal no es más que un ente viejo que de nada ha servido, estoy muy lejos de venerar sus canas.

CARTA XLI

DEL MISMO AL MISMO

Nosotros nos vestimos como se vestían dos mil años ha nuestros predecesores; los muebles de las casas son de la misma antigüedad de los vestidos; la misma fecha tienen nuestras mesas, trajes de criados y todo lo restante; por todo lo cual sería imposible explicarte el sentido de esta voz *lujo*. Pero en Europa, donde los vestidos se arriman antes de ser viejos, y donde los artesanos más viles de la república son los legisladores más respetados, esta voz es muy común; y para que no leas varias hojas de papel sin entender el asunto de que se trata, haz cuenta que lujo es la abundancia y variedad de las cosas superfluas a la vida.

Los autores europeos están divididos sobre si conviene o no esta variedad y abundancia. Ambos partidos traen espaciosos argumentos en su apoyo. Los pueblos, que por su genio inventivo, industria, mecánica y sobra de habitantes, han influído en las costumbres de sus vecinos, no sólo lo aprueban, sino que les predican el lujo y los empobrecen, persuadiéndoles ser útil lo que los deja sin dinero. Las naciones que no tienen esta ventaja natural, gritan contra la introducción de cuanto en lo exterior choca a su sencillez y traje, y en lo interior las hace pobres.

Cosa fuerte es que los hombres, tan amigos de distinciones y precisiones en unas materias, procedan tan de bulto en otras. Distingan de lujo y quedarán de acuerdo. Fomente cada pueblo el lujo que resulta de su mismo país, y a ninguno será dañoso. No hay país que no tenga alguno o algunos frutos capaces de adelantamiento y alteración. De estas modificaciones nace la variedad; con ésta se convida la vanidad; ésta fomenta la industria, y de ésta resulta el lujo ventajoso al pueblo, pues logra su verdadero objeto, que es el que el dinero físico de los ricos y poderosos no se estanque en sus cofres, sino que se derrame entre los artesanos y pobres.

Esta especie de lujo perjudicará al comercio grande, o sea general; pero nótese que el tal comercio general del día consiste mucho menos en los artículos necesarios que en los superfluos. Por cada fanega de trigo, vara de paño o de lienzo que entra en España, ¡cuánto se vende de cadenas de reloj, vueltas de encajes, palilleros, abanicos, cintas, aguas de olor y otras cosas de esta calidad! No siendo el genio español dado a estas fábricas, ni la población de España suficiente para abastecerlas de obreros, es difícil que jamás compitan los españoles con los extranjeros en este comercio; en este caso siempre será dañoso a España, pues la empobrece y la esclaviza al capricho de la industria extranjera; y ésta, hallando continuo pábulo en la extracción de los metales de oro y plata (única balanza de la introducción de las modas), el efecto sería cada día más exquisito y, por consiguiente, más capaz de agotar el oro y plata que tengan los españoles. En consecuencia de esto, estando el atractivo del lujo refinado y apurado, que engaña a los mismos que conocen que es perjudicial, y juntándose esto con aquello, no tiene fin el daño.

No quedan más que dos medios para evitar que el lujo sea tan perjudicial a esta nación; o superar la industria extranjera, o privarse de su consumo, inventando un lujo nacional que igualmente lisonjeará el orgullo de los poderosos, y les obligaría a hacer a los pobres partícipes de sus caudales.

El primer medio parece poco menos que imposible, porque las ventajas que llevan las fábricas extranjeras a las españolas son tantas, que no cabe que éstas en mucho tiempo desbanquen a aquéllas. Las que se establezcan en adelante, y el fomento de algunas de las ya establecidas cuestan a la corona grandes desembolsos. Éstos no pueden resarcirse sino del producto de lo fabricado aquí, y esto siempre será a proporción más caro que lo fabricado afuera; con que lo de afuera siempre tendrá más despacho, porque el comprador acude siempre adonde por el mismo dinero halla más ventaja en la cantidad o calidad, o ambas. Si por algún accidente, que no cabe en la especulación, pudiesen estas fábricas dar en el primer año el mismo género, y por el precio mismo que las extrañas, las de afuera, en vista del auge en que están desde tantos años de los caudales adquiridos, y visto el fondo ya hecho, pueden muy bien malbaratar su venta, minorando en mucho los precios unos cuantos años; y en este caso no hay resistencia de parte de las nuestras.

El segundo medio, cual es la invención de un lujo nacional, parecerá a muchos tan imposible como el primero, porque hace mucho tiempo que reina la epidemia de la imitación, y que los hombres se sujetan a pensar por el entendimiento de otros, y no cada uno por el suyo. Pero aun así, retrocediendo dos siglos en la Historia, veremos que se vuelve imitación lo que ahora parece invención.

Siempre que para constituir el lujo baste la profusión, novedad y delicadeza, digo, que ha habido dos siglos ha (y, por consiguiente, no es imposible que lo haya ahora) un lujo nacional; lo que me parece demostrable de este modo.

En los tiempos inmediatos a la conquista de América no había las fábricas extranjeras en que se refunde hoy el producto de aquellas minas; porque el establecimiento de las dichas fábricas es muy moderno respecto a aquella época; y no obstante esto había lujo, pues había profusión, abundancia y delicadeza (respecto de que si no lo hubiera habido, entonces no se hubiera gastado sino lo preciso); luego hubo en aquel tiempo un lujo considerable puramente nacional; esto es, dimanado de los artículos que ofrece la Naturaleza sin pasar los Pirineos. ¿Por qué, pues, no lo puede haber hoy, como lo hubo entonces? Pero ¿cuál fué?

Indáguese en qué consistía la magnificencia de aquellos ricos-hombres. No se avergüencen los españoles de su antigüedad, que por cierto es venerable la de aquel siglo; dedíquense a hacerla revivir en lo bueno, y remediarán por un medio fácil y loable la extracción de tanto dinero como arrojan cada año, a cuya pérdida añaden la nota de ser tenidos por unos meros administradores de las minas que sus padres ganaron a costa de tanta sangre y trabajos.

¡Extraña suerte es la de América! ¡Parece que está destinada a no producir jamás el menor beneficio a sus poseedores! Antes de la llegada de los europeos, sus habitantes comían carne humana, andaban desnudos, y los dueños de la mayor parte de la plata y oro del orbe no tenían la menor comodidad de la vida. Después de su conquista, sus nuevos dueños, los españoles, son los que menos aprovechan aquella abundancia.

Volviendo al lujo extranjero y nacional, éste, en la antigüedad que he dicho, consistía, a más de varios artículos ya olvidados, en lo exquisito de sus armas, abundancia y excelencia de sus caballos, magnificencia de sus casas, banquetes de increíble número de platos para cada comida, fábricas de Segovia y Córdoba, servicio personal voluntario al soberano, bibliotecas particulares, etc., todo lo cual era producto de España y se fabricaba por manos españolas. Vuélvanse a fomentar estas especies, consiguiéndose el fin político del lujo (que, como está dicho, es el reflujo de los caudales excesivos de los ricos a los pobres); se verá en breves años multiplicarse la población, salir de la miseria los necesitados, cultivarse los campos, adornarse las ciudades, ejercitarse la juventud y tomar el Estado su antiguo vigor. Éste es el cuadro del antiguo lujo; ¿cómo retrataremos el moderno? Copiemos los objetos que se nos ofrecen a la vista, sin lisonjearlos ni ofenderlos. El poderoso de este siglo (hablo del acaudalado, cuyo dinero físico es el objeto del lujo) ¿en qué gasta sus rentas? Despiértanle dos ayudas de cámara primorosamente peinados y vestidos; toma café de Moca exquisito en taza traída de la China por Londres; pónese una camisa finísima de Holanda, luego una bata de mucho gusto tejida en León de Francia; lee un libro encuadernado en París; viste a la dirección de un sastre y peluquero franceses; sale con un coche, que se ha pintado donde el libro se encuadernó; va a comer en vajilla labrada en París o Londres las viandas calientes, y en platos de Sajonia o de China las frutas y dulces; paga a un maestro de música, y otro de baile, ambos extranjeros; asiste a una ópera italiana, bien o mal representada, o a una tragedia francesa, bien o mal traducida; y al tiempo de acostarse, puede decir esta oración: «Doy gracias al cielo de que todas mis operaciones de hoy han sido dirigidas a echar fuera de mi patria cuanto oro y plata ha estado en mi poder.»

Hasta aquí he hablado con relación a la política, pues considerando sólo las costumbres, esto es, hablando no como estadista, sino como filósofo, todo lujo es por lo común dañoso, porque multiplica las necesidades de la vida, emplea el entendimiento humano en cosas frívolas y, dorando los vicios, hace despreciable la virtud, siendo ésta la única que produce los verdaderos bienes y gustos.

CARTA XLII

Según las noticias que Gazel me ha dado de ti, sé que eres un hombre de bien, que vives en África; y según las que te habrá dado él mismo de mí, sabrás que soy un hombre de bien, que vivo en Europa. No creo que necesite más requisito para que formemos mutuamente un buen concepto el uno del otro. Nos estimamos sin conocernos; por poco que nos tratáramos, seríamos amigos.

El trato de este joven y el conocimiento de que tú le has dado crianza, me impelen a dejar a Europa y pasar a África, donde resides. Deseo tratar un sabio africano, pues te juro que estoy fastidiado de todos los sabios europeos, menos unos pocos que viven en Europa como si estuviesen en África. Quisiera me dijeses qué método seguiste y qué objeto llevaste en la educación de Gazel. He hallado su entendimiento a la verdad muy poco cultivado, pero su corazón inclinado a lo bueno; y como aprecio en muy poco toda la erudición del mundo respecto de la virtud, quisiera que nos viniesen de África unas pocas docenas de ayos como tú, para encargarse de la educación de nuestros jóvenes, en lugar de los ayos europeos, que descuidan mucho la dirección de los corazones de sus alumnos, por llenar sus cabezas de noticias de blasón, cumplidos franceses, guapeza española, arias italianas y otros renglones de esta perfección e importancia. Cosas que serán, sin duda, muy buenas, pues tanto dinero llevan por enseñarlas, pero que me parecen muy inferiores a las máximas cuya práctica observo en Gazel.

Por medio de estos pocos renglones cumplo con su encargo y con mi deseo: todo esto me ha sido muy fácil. ¡Cuán dificultoso me hubiera sido practicar lo mismo respecto de un europeo! En el país del mundo en que hay más comodidad para que un hombre sepa de otro, por la prontitud y seguridad de los correos, se halla la mayor dificultad para escribir éste a aquél. Si como eres un moro, que jamás me has visto, ni yo he visto, que vives doscientas leguas de mi casa, y que eres en todo diferente de mí, fueras un europeo cristiano y avecindado a diez leguas de mi lugar, sería obra muy ardua la de escribirte por la primera vez. Primero, había de considerar con madurez lo ancho del margen

de la carta. Segundo, sería asunto de mucha reflexión la
distancia que había de dejar entre el primer renglón y
la extremidad del papel. Tercero, meditaría muy despacio el cumplido con que había de empezar. Cuarto, no
con menos aplicación estudiaría la expresión correspon-
diente para el fin. Quinto, no merecería menos cuidado
el saber cómo te había de hablar en el contenido de la
carta, o si había de dirigir el discurso como hablando
contigo solo, o como con tercera persona, o al señorío
que puedes tener en algún lugar, o a la excelencia tuya
sobre varios que tengan señoríos, o a otras calidades semejantes, sin hacer caso de tu persona, naciendo de
todo esto tanta y tan terrible confusión, que por no
entrar en ella muchas veces deja de escribir un español a otro.

El Ser Supremo, que nosotros llamamos Dios, y vosotros Alá, es quien hizo África, Europa, América y Asia.
Él te guarde los años, y con las felicidades que deseo, a
ti, a todos los americanos, africanos, asiáticos y europeos.

CARTA XLII

DE GAZEL A NUÑO

La ciudad en que ahora me hallo es la única de cuantas he visto que se parece a las de la antigua España,
cuya descripción me has hecho muchas veces. El color
de los vestidos, triste; las concurrencias, pocas; la división de los dos sexos, fielmente observada; las mujeres,
recogidas; los hombres, celosos; los viejos, sumamente
graves; los mozos, pendencieros, y todo lo restante del
aparato me hizo mirar mil veces el calendario, por ver
si estamos, efectivamente, en el año que vosotros lla-
máis de 1768, o si es el de 1500, ó 1600 a lo sumo. Sus
conversaciones son correspondientes a sus costumbres.
Aquí no se habla de los sucesos que hoy vemos ni de
las gentes que hoy viven, sino de los eventos que ya
pasaron y hombres que ya fueron. He llegado a dudar
si por arte mágica me representa algún encantador las
generaciones anteriores. Si esto es así, ¡ojalá alcanza-
ra su ciencia a traerme a los ojos las edades futuras!
Pero sin molestarte más en este correo y reservándome el asunto para cuando nos veamos, te aseguro que
admiro como singular mérito en estos habitantes la reverencia que hacen continuamente a las cenizas de sus
padres. Es una especie de perpetuo agradecimiento a la
vida que de ellos han recibido. Pero, pues, en esto puede

haber exceso, como en todas las prendas de los hombres, cuya naturaleza suele viciar hasta las virtudes mismas, responde lo que se te ofrezca sobre este particular.

CARTA XLIV

Empiezo a responderte a tu última carta por donde tú la acabaste. Confírmate en la idea de que la naturaleza del hombre está corrompida; y para valerme de tu propia expresión, suele viciar hasta las virtudes mismas. La economía es sin duda una virtud moral, y el hombre que es extremado en ella, la vuelve en el vicio llamado avaricia; la liberalidad se muda en prodigalidad, y así de las restantes. El amor de la patria es ciego como cualquiera otro amor; y si el entendimiento no lo dirige, puede muy bien aplaudir lo malo, desechar lo bueno, venerar lo ridículo y despreciar lo respetable. De esto nace que hablando con ciego cariño de la antigüedad, va el español expuesto a muchos yerros siempre que no se haga la distinción siguiente. En dos clases divido los españoles que hablan con entusiasmo de la antigüedad de su nación: los que entienden por antigüedad el siglo último, y los que en esta voz comprenden el antepasado y los anteriores.

El siglo pasado no nos ofrece cosa que pueda lisonjearnos. Se me figura España desde el fin de 1600 como una casa grande que ha sido magnífica y sólida, pero que por el decurso de los siglos se va cayendo y cogiendo debajo a los habitantes. Aquí se desploma un pedazo del techo, allí se hunden dos paredes, más allá se rompen dos columnas, por esta parte faltó un cimiento, por aquélla se entró el agua de las fuentes, por la otra se abre el piso; los moradores gimen, no saben dónde acudir; aquí se ahoga en la cuna el dulce fruto del matrimonio; allí muere de golpe de las ruinas, y aun más del dolor de ver este espectáculo el anciano padre de la familia; más allá entran ladrones a aprovecharse de la desgracia; no lejos roban los mismos criados por estar mejor instruídos, lo que no pueden los ladrones que lo ignoran.

Si esta pintura te parece más poética que verdadera, registra la historia, y verás cuán justa es la comparación. Al empezar aquel siglo, toda la monarquía española, comprendidas las dos Américas, media Italia y Flandes, apenas podía mantener veinte mil hombres; y esos mal pagados y peor disciplinados; seis navíos de pésima construcción, llamados galeones, que traían de Indias el dinero que escapase de los piratas y corsarios; seis galeras ociosas en Cartagena, y algunos navíos que se alquilaban según las urgencias para transporte de España a Italia, y de Italia a España, formaban toda la armada real. Las rentas reales, sin bastar para mantener la corona, sobraban para aniquilar al vasallo por las confusiones introducidas en su cobro y distribución. La agricultura, totalmente arruinada; el comercio, meramente pasivo, y las fábricas, destruídas, eran inútiles a la monarquía. Las ciencias iban decayendo cada día; introducíanse tediosas y vanas disputas continuadas que se llamaban filosofía; en la poesía admitían equívocos ridículos y pueriles; el pronóstico, que se hacía junto con el almanack, lleno de insulseces de astrología jurídica, formaba casi toda la matemática que se conocía; voces hinchadas y campanudas, frases dislocadas, gestos teatrales iban apoderándose de la oratoria, práctica y especulativa. Aun los hombres grandes que produjo aquella era, solían sujetarse al mal gusto del siglo, como los hermosos esclavos de tiranos feísimos. ¿Quién, pues, aplaudirá tal siglo?

¿Pero quién no se envanece, si se habla del siglo anterior, en que todo español era un soldado respetable? Del siglo en que nuestras armas conquistaban las dos Américas, y las islas de Asia; aterraban a África, e incomodaban a toda Europa con ejércitos pequeños en número, y grandes por su gloria, mantenidos en Italia, Alemania, Francia y Flandes; cubrían los mares con escuadras y armadas de navíos, galeones y galeras; del siglo en que la academia de Salamanca hacía el primer papel entre las universidades del mundo; del siglo en que nuestro idioma se hablaba por todos los sabios y nobles de Europa. ¿Quién podrá tener voto en materias críticas que confunda dos épocas tan diferentes, que parece en ellas la nación dos pueblos distintos? ¿Equivocará un entendimiento mediano un tercio de españoles delante de Túnez mandado por Carlos I con la guardia de la cuchilla de Carlos II? ¿A Garcilaso con Villamediana? ¿Al Brocense con cualquiera de los humanistas de Felipe IV? ¿A don Juan de Austria, hermano de Felipe II, con don Juan de Austria, hijo de Felipe IV? Créeme que la voz *antigüedad* es demasiado amplia, como la mayor parte de las que pronuncian los hombres con sobrada ligereza.

La predilección con que se suele hablar de todas las

cosas antiguas, sin distinción de crítica, es menos efecto de amor propio hacia ella, que de odio a nuestros contemporáneos. Cualquiera virtud de nuestros coetáneos nos ofende porque la miramos con un fuerte argumento contra nuestros defectos, y vamos a buscar las prendas de nuestros abuelos, por no confesar las de nuestros hermanos, con tanto ahinco, que no distinguimos el abuelo que murió en su cama, sin haber salido de ella, del que murió en campaña; habiendo vivido siempre cargado con sus armas; ni dejamos de confundir al abuelo nuestro, que no supo cuántas leguas tiene un grado geográfico, con los Álavas y otros que anunciaron los descubrimientos matemáticos hechos un siglo después por los mayores hombres de aquella facultad. Basta que no los hayamos conocido para que los queramos; así como basta que tratemos a los de nuestros días para que sean objeto de nuestra envidia o desprecio.

Es tan ciega y tan absurda esta indiscreta pasión a la antigüedad, que un amigo mío, bastante gracioso por cierto, hizo una exquisita burla de uno de los que adolecen de esta enfermedad. Enseñóle un soneto de los más hermosos de Hernando de Herrera, diciéndole que lo acababa de componer un condiscípulo suyo. Arrojólo al suelo el imparcial crítico, diciendo que no se podía leer de puro flojo e insípido. De allí a pocos días compuso el mismo muchacho una octava insulsa, si las hay, y se la llevó el oráculo diciendo que había hallado aquella composición en un manuscrito de letra de la monja de Méjico. Al oírlo, exclamó el otro diciendo: —Esto sí que es poesía, invención, lenguaje, armonía, dulzura, fluidez, elegancia, elevación... —y tantas cosas más que se me olvidaron; pero no a mi sobrino, que se quedó con ellas de memoria, y cuando oye o lee alguna infelicidad del siglo pasado delante de algún pasionado de aquella era, siempre exclama con increíble entusiasmo irónico: —Esto sí que es invención, poesía, lenguaje, armonía, dulzura, fluidez, elegancia, elevación, etc.

Espero cartas de Ben-Beley; y tú manda a tu Nuño.

CARTA XLV

DE GAZEL A BEN-BELEY

Acabo de llegar a Barcelona. Lo poco que he visto de ella me asegura ser verdadero el informe de Nuño. El juicio que formé por instrucción suya, del genio de los catalanes, es tan acertado y tal la utilidad de este principado, que por un par de provincias semejantes pudiera el rey de los cristianos trocar sus dos Américas. Más provecho redunda a su corona de la industria de estos pueblos que de la pobreza de tantos millones de indios. Si yo fuera señor de toda España, y me precisaran a escoger los diferentes pueblos de ella por criados míos, haría a los catalanes mis mayordomos.

Esta plaza es de las más importantes de la península, y por tanto su guarnición es numerosa y lucida, porque entre otras tropas se hallan aquí las que llaman guardias de infantería española. Un individuo de este cuerpo está en la misma posada que yo desde antes de la noche en que llegué; ha congeniado sumamente conmigo por su franqueza, cortesanía y persona; es muy joven; su vestido es el mismo que el de los soldados rasos, pero sus modales le distinguen fácilmente del vulgo soldadesco. Extrañé esta contradicción, y ayer, en la mesa, que en estas posadas llaman redonda porque no tienen asiento preferente, viéndole tan familiar y tan bien recibido con los oficiales más viejos del cuerpo, que son muy respetables, no pude aguantar un minuto más mi curiosidad acerca de su clase, y así le pregunté quién era. —Soy —me dijo— cadete de este cuerpo, y de la compañía de aquel caballero —señalando a un anciano venerable con la cabeza cargada de canas, el cuerpo lleno de heridas, y en el aspecto guerrero —. —Sí, señor, y de mi compañía —respondió el viejo—. Es nieto y heredero de un compañero mío que mataron a mi lado en la batalla de Campo Santo; tiene veinte años de edad y cinco de servicio; hace el ejercicio mejor que todos los granaderos del batallón; es un poco travieso, como los de su clase y edad, pero los viejos no lo extrañamos porque son lo que fuimos y serán lo que somos. —No sé qué grado es ese de cadete —dije yo. —Esto se reduce —dijo otro oficial— a que un joven de buena familia sienta plaza; sirve doce o catorce años, haciendo siempre el servicio de soldado raso, y después de haberse portado como es regular se arguya de su nacimiento, es promovido al honor de llevar una bandera con las armas del rey y divisa del regimiento. En todo este tiempo suelen consumir, por la indispensable decencia con que se portan, sus patrimonios, y por las ocasiones de gastar que se les presentan, siendo su residencia en esta ciudad, que es lucida y deliciosa, o en la corte, que es costosa. —Buen sueldo gozarán —dije yo—, para estar tanto tiempo sin el carácter de oficial y con gastos como si lo fueran. —El prest de soldado raso y nada más —dijo el primero—; en nada se distinguen, sino en que no toman ni aun eso, pues lo dejan con alguna gratificación más al soldado que cuida de sus armas y fornitura. —Pocos habrá —insté yo— que sacrifiquen de ese modo su juventud y patrimonio. —¿Cómo pocos? —saltó el muchacho—. Somos cerca de doscientos; y si se admiten todos los que pretenden ser admitidos, llegaremos a dos mil. Lo mejor es que nos estorbamos mutuamente para el ascenso, por el corto número de vacantes y grande de cadetes; pero más queremos estar montando centinelas con esta casaca, que dejarla. Lo más que hacen algunos de los nuestros es beneficiar compañías de caballería, o dragones, cuando la ocasión se presenta, si se hallan ya impacientes de esperar, y aun así quedan con tanto afecto al regimiento como si viviesen en él. —¡Glorioso cuerpo —exclamé yo—, en que doscientos nobles ocupan el lugar de otros tantos plebeyos, sin más paga que el honor de la nación! ¡Gloriosa nación, que produce nobles tan amantes de su rey! ¡Poderoso rey, que manda a una nación cuyos nobles individuos no anhelan más que servirle, sin reparar en qué clase ni con qué premio!

CARTA XLVI

DE BEN-BELEY A NUÑO

Cada día me agrada más la noticia de la continuación de tu amistad con Gazel, mi discípulo. De ella infiero que ambos sois hombres de bien. Los malvados no pueden ser amigos. En vano se juran mil veces mutua amistad y estrecha unión; en vano trabajan unidos algún objeto común; nunca creeré que se quieren. El uno engaña al otro, y éste al primero por recíprocos intereses de fortuna o esperanza de ella. Para esto sin duda necesitan ostentar una amistad firmísima con una aparente confianza; pero de nadie desconfían más que el uno del otro, porque el primero conoce los fraudes del segundo, a menos que se recaten mutuamente el uno del otro, en cuyo caso habrá mucho menor franqueza, y por consiguiente menos amistad. No dudo que ambos se unan muy de veras en daño de un tercero; pero perdido éste entre los dos, inmediatamente riñen por quedar uno solo en posesión del bocado que arrebataron de las manos del perdido; así como dos salteadores de camino se juntan para robar al pasajero, pero luego se hieren mutuamente sobre repartir lo que han robado. De aquí viene que el pueblo ignorante se admire cuando ve convertida en odio la amistad que tan pura y firme parecía. ¡Alá! ¡Alá! —dicen—. ¿Quién creyera que aquellos dos se separaran al cabo de tantos años? ¡Qué corazón, el del hombre! ¡Qué inconstante! ¿Adónde te refugiaste, santa amistad? ¿Dónde te hallaremos? ¡Creímos que tu asilo era el pecho de cualquiera de estos dos, y ambos te destierran! Pero considérense las circunstancias de este caso, y se conocerá que todas éstas son vanas declamaciones e injurias al corazón humano. Si el vulgo (tan discretamente llamado profano por un poeta filósofo latino, cuyas obras me envió Gazel), si el vulgo, digo, profano, supiese la verdadera clave de ésta y otras maravillas, no se espantaría de tantas. Entendería que aquella amistad no le fué, ni mereció más nombre que el de una mutua traición conocida por ambas partes, y mantenida por las mismas el tiempo que pareció conducente.

Al contrario: entre dos corazones rectos la amistad crece con el trato. El recíproco conocimiento de las bellas prendas, que por días se van descubriendo, aumenta la mutua estimación. El consuelo que el hombre bueno recibe viendo crecer el fruto de la bondad de su amigo, le estimula a cultivar más y más la suya propia. Este gozo, que tanto eleva al virtuoso, jamás puede llegar a gozarle ni aun a conocerle el malvado. La naturaleza le niega un número grande de gustos inocentes y puros en trueque de las satisfacciones inicuas que él mismo se procura fabricar con su talento siniestramente dirigido. En fin, dos malvados felices a costa de delitos, se miran con envidia, y la parte de prosperidad que goza el uno es tormento para el otro. Pero dos hombres justos, cuando se hallen en alguna situación dichosa, gozan no sólo de su propia dicha, cada uno, sino también de la del otro. De donde se infiere que la maldad, aun en el mayor auge de la fortuna, es semilla abundante de recelos y sustos; y que al contrario, la bondad, aun cuando parece desdichada, es fuente continua de gustos, delicias y sosiego. Éste es mi dictamen sobre la amistad de los buenos y los malos; y no lo fundo sólo en esta especulación, que me parece justa, sino en repetidos ejemplares que abundan en el mundo.

CARTA XLVII

DE NUÑO A BEN-BELEY EN RESPUESTA
A LA ANTERIOR

Veo que nos conformamos mucho en las ideas de virtud, amistad y vicio, como también en la justicia que hacemos al corazón del hombre en medio de la universal sátira que padece la humanidad de nuestros días. Bien me lo prueba tu carta; pero si se publicase, pocos la entenderían. La mayor parte de los lectores la tendría por un trozo de moral abstracto, y casi de ningún servicio en el trato humano. Reiríanse de ella los mismos que lloran algunas veces de resulta de no observar semejante doctrina. Ésta es otra de nuestras flaquezas, y de las más antiguas, pues no fué el siglo de Augusto lo primero que dió motivo a decir: *conozco lo mejor, y sigo lo peor*; y desde aquél al nuestro han pasado muchos, todos muy parecidos los unos a los otros.

CARTA XLVIII

DEL MISMO AL MISMO

He visto en una de las cartas que Gazel te escribe un retrato horroroso del siglo actual, y la ridícula defensa de él hecha por un hombre muy superficial e ignorante. Partamos la diferencia tú y yo entre los dos pareceres y, sin dejar de conocer que no es la era tan buena ni tan mala como se dice, confesemos que lo peor que tiene este siglo es que le defiendan como cosa propia semejantes abogados. El que se ve en esta carta oponerse a la demasiado rigorosa crítica de Gazel, es capaz de perder la más segura causa. Emprende la defensa como otros muchos por el lado que muestra más flaqueza y ridiculez. Si en lugar de querer sostener estas locuras, se hiciera cargo de lo que merece verdaderos aplausos, hubiera dado sin duda al africano mejor opinión de la era en que vino a Europa. Otro efecto le hubiera causado una relación de la suavidad de costumbres, humanidad en la guerra, noble uso de las victorias, blandura en los gobiernos, los adelantamientos en las matemáticas y física, el mutuo comercio de talentos por medio de las traducciones que se hacen en todas lenguas de cualquiera obra que sobresale en alguna de ellas. Cuando todas estas ventajas no sean tan efectivas como lo parecen, pueden a lo menos hacer equilibrio con la enumeración de desdichas que hace Gazel; y siempre que los bienes y los males, los delitos y las virtudes estén en igual balanza, no puede llamarse tan infeliz el siglo en que se note esta igualdad, respecto del número que nos muestra la historia llenos de miserias y horrores y sin una época siquiera que consuele al género humano.

CARTA XLIX

DE GAZEL A BEN-BELEY

¿Quién creyera que la lengua, tenida universalmente por la más hermosa de todas las vivas dos siglos ha, sea hoy una de las menos apreciables? Tal es la prisa que se han dado a echarla a perder los españoles. El abuso de su flexibilidad, digámoslo así, la poca economía en figuras y frases de muchos autores del siglo pasado, y la esclavitud de los traductores del presente a sus originales, han despojado este idioma de sus naturales hermosuras, cuales eran laconismo, abundancia y energía. Los franceses han hermoseado el suyo al paso que los españoles lo han desfigurado. Un párrafo de Montesquieu y otros coetáneos tiene tal abundancia de las tres hermosuras referidas, que no parecían caber en el idioma francés; y siendo anteriores con un siglo y algo más los autores que han escrito en buen castellano, los españoles del día parecen haber hecho asunto formal de humillar el lenguaje de sus padres. Los traductores e imitadores de los extranjeros son los que más han lucido en esta empresa. Como no saben su propia lengua, porque no se sirven tomar el trabajo de estudiarla, cuando se hallan con una hermosura en algún original francés, italiano o inglés, amontonan galicismos, italianismos y anglicismos, con lo cual consiguen todo lo siguiente:

1º Defraudan el original de su verdadero mérito, pues no dan la verdadera idea de él en la traducción. 2º Añaden al castellano mil frases impertinentes. 3º Lisonjean al extranjero haciéndole creer que la lengua española es subalterna a las otras. 4º Alucinan a muchos jóvenes españoles, disuadiéndoles del indispensable estudio de su lengua natal.

Sobre estos particulares suele decirme Nuño: —Algunas veces me puse a traducir, cuando muchacho, varios trozos de literatura extranjera; porque así como algunas naciones no tuvieron a menos el traducir nuestras obras en los siglos en que éstas lo merecían, así debemos nosotros portarnos con ellas en lo actual. El método que seguí fué éste: Leía un párrafo del original con todo cuidado; procuraba tomarle el sentido preciso; lo meditaba mucho en mi mente, y luego me preguntaba yo a mí mismo: Si yo hubiese de poner en castellano la idea que me ha producido esta especie que he leído, ¿cómo lo haría? Después recapacitaba si algún autor antiguo español había dicho cosa que se le pareciese. Si se me figuraba que sí, iba a leerlo y tomaba todo lo que me parecía ser análogo a lo que deseaba. Esta familiaridad con los españoles del siglo XVI, y algunos del XVII, me sacó de muchos apuros; y sin esta ayuda es formalmente imposible el salir de ellos, a no cometer los vicios de estilo que son tan comunes.

Más te diré. Creyendo la transmigración de las artes tan firmemente como cree la de las almas cualquiera buen pitagorista, he creído ver en el castellano y latín de Luis Vives, Alonso Matamoros, Pedro Ciruelo, Francisco Sánchez, llamado el Brocense, Hurtado de Mendoza, Ercilla, Fr. Luis de Granada, Fr. Luis de León, Garcilaso, Argensola, Herrera, Álava, Cervantes y otros las semillas que tan felizmente han cultivado los franceses de la última mitad del siglo pasado de que tanto fruto han sacado los del actual. En medio del justo respeto que siempre han observado las plumas españolas en materia de religión y gobierno, he visto en los referidos autores excelentes trozos, así de pensamiento como de locución, hasta en las materias frívolas de pasatiempo gracioso; y en aquellas en que la crítica con sobrada libertad suele mezclar lo frívolo con lo serio, y que es precisamente el género que más atractivo tiene en lo moderno extranjero, hallo mucho de lo antiguo nacional, así impreso como inédito. Y, en fin, concluyo que bien entendido y practicado nuestro idioma, según lo han manejado y practicado los maestros arriba citados, no necesita más echarlo a perder en la traducción de lo que se escribe, bueno o malo, en lo restante de Europa; y a la verdad, prescindiendo de lo que han adelantado en física y matemática, por lo general no hacen absolutamente falta las traducciones.

Esto suele decir Nuño cuando habla seriamente en este punto.

CARTA L

DE GAZEL A BEN-BELEY

El uso fácil de la imprenta, el mucho comercio, las alianzas entre los príncipes y otros motivos, han hecho comunes a toda la Europa las producciones de cada reino de ella. No obstante, lo que más ha unido a los sabios europeos de diferentes países es el número de traducciones de unas lenguas en otras; pero no creas que esta comodidad sea tan grande como te figuras desde luego. En las ciencias positivas no dudo que lo sea, porque las voces y frases para tratarlas en todos los países son casi las propias, distinguiéndose éstas muy poco en la sintaxis, y aquéllas sólo en la terminación o tal vez en la pronunciación de las terminaciones; pero en las materias puramente de moralidad, crítica, historia o pasatiempo, suele haber mil yerros en las traducciones por las varias índoles de cada idioma. Una frase, al parecer la misma suele ser en la realidad muy diferente, porque en una lengua es sublime, en otra es baja, y en otra, media. De aquí viene que no sólo no se da el verdadero sentido que tiene en una, si le traduce exactamente, sino que el mismo traductor no la entiende, y, por consiguiente, da a su nación una siniestra idea del autor extranjero, siguiendo a tanto exceso alguna vez este daño, que se dejan de traducir muchas cosas buenas porque suenan mal a quien emprendiera de buena gana la traducción si le sonasen bien; como si le acompañaran las cosas necesarias para este ingrato trabajo, cuales son, a saber: su lengua, la extraña, la materia y las costumbres también de ambas naciones.

De aquí nace la imposibilidad positiva de traducirse algunas obras. El poema burlesco de los ingleses titulado *Hudibras* no puede pasarse a lengua alguna del continente de Europa. Por lo mismo, nunca pasarán los Pirineos las letrillas satíricas de Góngora, y por lo mismo muchas comedias de Molière jamás gustarán sino en Francia, aunque sean todas composiciones perfectas en sus líneas. Esto, que parece desgracia, lo he mirado siempre como fortuna. Basta que los hombres sepan participarse los frutos que sacan de las ciencias y artes útiles, sin que también se comuniquen sus extravagancias. La nobleza francesa tiene cierta especie de vanidad; exprésela el cómico censor en la comedia *Le Glorieux*, sin que esta necedad se comunique a la nobleza espa-

ñola, porque ésta, que es por lo menos tan vana como
la otra, se halla muy bien reprendida del mismo vicio
a su modo en la ejecutoria del drama intitulado *El Dómine Lucas*, sin que se pegue igual locura a la francesa.
Hartas ridiculeces tiene cada nación sin copiar las extrañas. La imperfección en que se hallan aún hoy las
facultades beneméritas de la sociedad humana, prueba
que necesitan del esfuerzo unido de todas las naciones
que conocen la utilidad de la cultura.

CARTA LI

DEL MISMO AL MISMO

Una de las palabras cuya explicación ocupa más lugar
en el diccionario de mi amigo Nuño es la voz *política*,
y su adjetivo derivado *político*. Quiero copiarte todo el
párrafo; dice así:

«*Política* viene de la voz griega que significa ciudad,
de donde se infiere que su verdadero sentido es *la
ciencia de gobernar pueblos*, y que los *políticos* son
aquellos que están en semejantes encargos, o por lo
menos en carrera de llegar a estar con ellos. En este
supuesto aquí acabaría este artículo, pues venero su
carácter; pero han usurpado este nombre otros sujetos
que se hallan muy lejos de verse en tal situación, ni
merecer tal respeto. Y de la corrupción de esta palabra
mal apropiada a estas gentes nace la precisión de ex-
tenderme más.

»Políticos de esta segunda clase son unos hombres
que de noche no sueñan y de día no piensan sino en
hacer fortuna por cuantos medios se ofrezcan. Las tres
potencias del alma racional y los cinco sentidos del
cuerpo humano se reducen a una desmesurada ambición en semejantes hombres. Ni quieren, ni entienden,
ni se acuerdan de cosa que no vaya dirigida a este fin.
La naturaleza pierde toda su hermosura en el ánimo de
ellos. Un jardín no es fragante, ni una fruta es deliciosa,
ni un campo es ameno, ni un bosque frondoso, ni las
diversiones tienen atractivo, ni la comida les satisface,
ni la conversación les ofrece gusto, ni la salud les produce alegría, ni la amistad les da consuelo, ni el amor
les presenta delicia, ni la juventud les fortalece. Nada
importan las cosas del mundo en el día, la hora, el
minuto que no adelantan un paso en la carrera de
la fortuna. Los demás hombres pasan por varias alteraciones de gustos y penas; pero éstos no conocen más que

un gusto, y es el de atormentarse, y así tienen, no por pena sino por tormentos inaguantables, todas las varias contingencias e infinitas casualidades de la vida humana, para ellos todo inferior es un esclavo, todo igual un enemigo, todo superior un tirano. La risa y el llanto en estos hombres son como las aguas del río que han pasado por parajes pantanosos: vienen tan turbias, que no es posible distinguir su verdadero sabor y color. El continuo artificio, que ya se hace segunda naturaleza en ellos, los hace insufribles aun a sí mismos. Se piden cuenta del poco tiempo que han dejado de aprovechar en seguir por entre precipicios el fantasma de la ambición que les guía. En su concepto, el día es corto para sus ideas, y demasiado largo para las de los otros. Desprecian al hombre sencillo, aborrecen al discreto, parecen oráculos al público, pero son tan ineptos que un criado inferior sabe todas sus flaquezas, ridiculeces, vicios, y tal vez delitos; según el muy verdadero proverbio francés que *ninguno es héroe para con su ayuda de cámara*. De aquí nace revelarse tantos secretos, descubrirse tantas maquinaciones y, en substancia, mostrarse los hombres ser defectuosos por más que quieran parecerse semidioses.»

En medio de lo odioso que es y debe ser a lo común de los hombres el que está agitado de semejante delirio, que a manera de frenético debiera ser encadenado por que no haga daño a cuantos hombres, mujeres y niños encuentre por las calles, suele ser divertido su manejo para el que lo ve de lejos. Aquella diversidad de astucias, ardides y artificios es un gracioso espectáculo para quien no la teme. Pero para lo que no basta la paciencia humana es para mirar todas estas máquinas manejadas por un ingnorante ciego, que se figura a sí mismo tan incomprensible como los demás le conocen de necio. Creen muchos de éstos que la mala intención puede suplir al talento, a la viveza y al demás conjunto que se ven en muchos libros, pero en pocas personas.

CARTA LII

DE NUÑO A GAZEL

Entre ser hombres de bien y no ser hombres de bien, no hay medio. Si lo hubiera, no sería tanto el número de pícaros. La alternativa de no hacer mal a alguno c de atrasarse uno mismo si no hace algún mal a otro.

es de una tiranía tan despótica que sólo puede resistirse a ella por la invencible fuerza de la virtud; pero la virtud está muy desairada en la corrupción del mundo para tener atractivo alguno. Su mayor trofeo es el respeto de la menor parte de los hombres.

CARTA LIII

DE GAZEL A BEN-BELEY

Ayer estábamos Nuño y yo al balcón de mi posada viendo a un niño jugar con una caña adornada de cintas y papel dorado. —¡Feliz edad —exclamé yo—, en que aun no conoce el corazón las penas y falsos gustos de la vida! ¿Qué le importan a este niño los grandes negocios del mundo? ¿Qué daño le pueden ocasionar los malvados? ¿Qué impresión pueden hacer las mudanzas de la suerte próspera en su tierno corazón? Los caprichos de la fortuna le son indiferentes. Dichoso el hombre si fuera siempre niño.

—Te equivocas —me dijo Nuño—. Si se le rompe esa caña con que juega; si otro compañero se la quita; si su madre le regaña porque se divierte con ella, le verás tan afligido como un general en su caída. Créeme, Gazel: la miseria humana se proporciona a la edad de los hombres; va mudando de especie conforme el cuerpo va pasando por edades; pero el hombre es mísero desde la cuna al sepulcro.

CARTA LIV

DEL MISMO AL MISMO

La voz *fortuna* y la frase *hacer fortuna* me han gustado en el diccionario de Nuño. Después de explicarlas, añade lo siguiente: —El que aspire a hacer fortuna por medios honrosos, no tiene más que uno en que fundar su esperanza, a saber: el mérito. El que sea menos escrupuloso tiene mayor número en que escoger, a saber: todos los vicios y las apariencias de todas las virtudes. Escoja según las circunstancias lo que más le convenga, o por junto, o por menor; ocultamente o a las claras; con moderación o sin ella.

CARTA LV

DEL MISMO AL MISMO

¿Para qué quiere el hombre hacer fortuna? —decía Nuño a uno que piensa en otra cosa—. Comprendo que el pobre necesitado anhele por tener que comer, y que el que está en mediana constitución aspire a procurarse algunas más conveniencias; pero tanto conato y desvelo para adquirir dignidades y empleos, ¿a qué conducen? No lo veo. En el estado de medianía en que me hallo, vivo con tranquilidad y sin cuidado. Mis operaciones no son objeto de la crítica ajena, ni motivo de remordimiento para mi propio corazón. Colocado en la altura que tú apeteces, no comeré más, no dormiré mejor, ni tendré más amigos, ni he de libertarme de las enfermedades comunes a todos los hombres; por consiguiente, no tendría entonces más gustosa vida que tengo ahora. Sólo una reflexión me hizo en otros tiempos pensar alguna vez en declararme cortesano de la fortuna y solicitar sus favores. ¡Cuán gustoso me sería, decíame a mí mismo, el tener en mi mano los medios de hacer bien a mis amigos! Y luego llamaba a mi memoria los nombres y prendas de los más queridos, y los empleos que les daría cuando yo fuese primer ministro; pues nada menos apetecía, porque con nada menos se contentaba mi oficiosa ambición. Éste es mozo de excelentes virtudes y costumbres, selecta erudición y genio afable; quiero darle un obispado. A otro sujeto de consumada prudencia, genio desinteresado y lo que se llama don de gentes, hágole virrey de Méjico. Aquél es soldado de vocación, me consta su valor personal y su cabeza no es menos guerrera que su brazo; le daré un bastón de general. Aquel otro, sobre ser de una casa de las más distinguidas del reino, está impuesto en el derecho de gentes, tiene un mayorazgo cuantioso, sabe disimular una pena y un gusto, ha tenido la curiosidad de leer todos los tratados de paces, y tiene de estas obras la más completa colección; le enviaré a cualquiera de las embajadas de primera clase; y así de los demás amigos. ¡Qué consuelo para mí cuando me pueda mirar como segundo criador de todos éstos!

No sólo mis amigos serán partícipes de mi fortuna, sino también con más fuerte razón lo serán mis parientes y criados. ¡Cuántos primos, sobrinos y tíos vendrán de mi lugar y de los inmediatos a acogerse a la sombra de mi poder! No seré yo como muchos poderosos que no conocen a sus parientes pobres. Muy al contrario, yo mismo presentaré al público todos estos novicios de fortuna hasta que estén colocados, sin negar los vínculos con que Naturaleza me ligó a ellos. A su llegada necesitarán mi auxilio; que después ellos mismos se harán lugar por sus prendas y talentos, y más por la obligación de dejarme airoso.

Mis criados, que habrán sabido asistir con trabajo y lealtad a mi persona, pasando malas noches, llevar mis órdenes y hacer mi voluntad, ¡cuán acreedores son a mi beneficencia! Colocarélos en varios empleos de honra y provecho. A los diez años de mi elevación, la mitad del imperio será hechura mía, y moriré con la complacencia de haber colmado de bienes a cuantos hombres he conocido.

Esta consideración es, sin duda, muy grata para quien tiene un corazón naturalmente benigno y propenso a la amistad; es capaz de mover el pecho menos ambicioso y sacar de su retiro al hombre más apartado para hacerle entrar en las carreras de la fortuna y autoridad; pero dos reflexiones me entibiaron el ardor que me había causado este deseo de hacer bien a otros. La primera es la ingratitud, tan frecuente y casi universal que se halla en las hechuras, aunque sean de la más inmediata obligación, de lo cual cada uno puede tener suficientes pruebas en su respectiva esfera. La segunda es que el poderoso así colocado no puede dispensar los empleos y dignidades según su capricho y voluntad, sino según el mérito de los concurrentes. No es dueño de los puestos, sino administrador, y debe considerarse como hombre caído de las nubes, sin vínculos de parentesco, amistad, ni gratitud, y, por tanto, tendrá muchas veces que negar su protección a las personas de su mayor aprecio por no hacer agravio a un desconocido benemérito. Sólo puede disponer a su arbitrio —concluyó Nuño— de los sueldos que goza según los empleos que ejerce, y de su patrimonio peculiar.

CARTA LVI

DEL MISMO AL MISMO

Los días de correo o de ocupación suelo pasar después de comer a una casa inmediata a la mía donde se juntan bastantes gentes, que forman una graciosa tertulia. Siempre he hallado en su conversación cosa que me quite la melancolía y distraiga de cosas serias y pesadas; pero la ocurrencia de hoy me ha hecho mucha gracia. Entré cuando acababan de tomar café y empezaban a conversar. Una señorita se iba a poner al clave; dos señoritas de poca edad leían con mucho misterio un papel en el balcón; otra dama estaba haciendo una escarapela; un oficial joven estaba vuelto de espaldas a la chimenea; un viejo empezaba a roncar sentado en un sillón, a la lumbre; un abate miraba al jardín, y al mismo tiempo leía algo en un libro negro y dorado; y otras gentes hablaban. Saludáronme al entrar todos, menos unas tres señoras y otros tantos jóvenes que estaban embebidos en una conversación al parecer la más seria. —Hijas mías — decía una de ellas —, nuestra España nunca será más de lo que es. Bien sabe el cielo que me muero de pesadumbre, porque quiero bien a mi patria. —Vergüenza tengo de ser española — decía la segunda. —¡Qué dirán las naciones extrañas! — decía la que faltaba. —¡Jesús, y cuánto mejor fuera haberme quedado yo en el convento, en Francia, que no venir a España a ver estas miserias! — dijo la que aun no había hablado. —Teniente coronel soy yo y con algunos méritos extraordinarios; pero quisiera ser alférez de húsares en Hungría primero que vivir en España — dijo uno de los tres que estaban con las tres. —Bien lo he dicho yo mil veces — dijo otro del triunvirato —, bien lo he dicho yo: la monarquía no puede durar lo que queda de siglo; la decadencia es rápida, la ruina inmediata. ¡Lástima como ella! ¡Válgame Dios! —Pero, señor — dijo el que quedaba —, ¿no se toma providencia para semejantes daños? Me aturdo. Crean ustedes que en estos casos siente un hombre saber leer y escribir. ¿Qué dirán de nosotros más allá de los Pirineos?

Asustáronse todos al oír semejantes lamentaciones. —¿Qué es eso? — decían unos. —¿Qué hay? — repetían otros. Proseguían las tres parejas con sus quejas y gemidos, deseoso cada uno y cada una de sobresalir en lo enérgico. Yo también sentíme conmovido al oír tanta ponderación de males; y aunque menos interesado que los otros en los sucesos de esta nación, pregunté cuál era el motivo de tanto lamento. —¿Es acaso — dije yo — alguna noticia de haber desembarcado los argelinos en la costa de Andalucía y haber devastado aquellas hermosas provincias? —No, no — me dijo una dama —; no, no; más que eso es lo que lloramos. —¿Se ha aparecido alguna nueva nación de indios bravos y ha invadido el nuevo Méjico por el Norte? —Tampoco es eso, sino mucho más que eso — dijo otra de las patriotas. —¿Alguna peste —insté yo— ha acabado con todos los ganados de España, de modo que esta nación se vea privada de sus lanas preciosísimas? —Poco importaría eso —dijo uno de los celosos ciudadanos— respecto de lo que pasa.

Fuíles diciendo otra infinidad de daños públicos a que están expuestas las monarquías, preguntando si alguno de ellos había sucedido, cuando al cabo de mucho tiempo, lágrimas, sollozos, suspiros, quejas, lamentos, llantos y hasta invectivas contra los astros, estrellas y cielos, la que había callado y que parecía la más juiciosa de todas, exclamó, con voz muy dolorida: —¿Creerás, Gazel, que en todo Madrid no se ha hallado cinta de este color por más que se ha buscado?

CARTA LVII

DEL MISMO AL MISMO

Si los vicios comunes en el método europeo de escribir la historia son tan capitales como te tengo avisado, te espantará otro mucho mayor y más común en la historia que llaman universal. Apenas hay nación en Europa que no haya producido un escritor o bien compendioso o bien extenso de la historia universal; pero, ¿qué trazas de ser universal? A más de las precupaciones que guían las plumas, y los respetos que atan las manos a estos historiadores generales, comunes con los obstáculos iguales de los historiadores particulares, tienen uno muy singular y peculiar de ellos, y es que cada uno, escribiendo con individualidad los fastos de su nación, los anales gloriosos de sus reyes y generales, los progresos hechos por sus sabios en las ciencias, contando cada cosa de éstas con unas menudencias en realidad despreciables, cree firmemente que cumple con las demás naciones en referir cuatro o cinco épocas notables, y nombrar cuatro o cinco hombres grandes, aunque sea desfigurando sus nombres. El historiador universal inglés gastará muchas hojas en la noticia de quién fué cualquiera de sus corsarios, y apenas dice que hubo un Turena en el mundo. El francés nos dirá de buena gana con igual exactitud quién fué el primer actor que mudó el sombrero por el morrión en los papeles heroicos de su teatro, y por poco se olvida de quién fué el duque de Malboroug.

—¡Qué chasco el que acabo de llevar! —díjome Nuño pocos días ha—. ¡Qué chasco! Engañado por el título de una obra en que el autor nos prometía la vida de todos los grandes hombres del mundo, voy a buscar unos cuantos amigos de mi mayor estimación, y no me hallo ni siquiera con el nombre de ellos. Voy por el abecedario a encontrar los Ordoños, Sanchos, Fernandos de Castilla, los Jaimes de Aragón, y nada dice de ellos.

En tantos hombres grandes como desperdiciaron su sangre durante ocho siglos en ayudar a su patria a sacudir el yugo de tus abuelos, apenas dos o tres han merecido la atención de este historiador. Botánicos, insignes humanistas, estadistas, poetas y oradores anteriores con más de un siglo, y algunos dos, a las academias francesas, quedan sepultados en el olvido si no se leen más historias que éstas. Pilotos vizcaínos, andaluces, portugueses, que navegaron con tanta osadía como pericia y, por consiguiente, tan beneméritos de la sociedad, quedan cubiertos con igual velo. Los soldados catalanes y aragoneses, tan ilustres en ambas Sicilias y sus mares por los años de 1280, no han parecido dignos de fama póstuma a los tales compositores. Doctores cordobeses de tu religión, y descendientes de tu país que conservaron las ciencias en España mientras ardía la península en guerras sangrientas, tampoco ocupan una llana en la tal obra.

Creo que se quejarán de igual descuido las demás naciones menos la del autor. ¿Qué mérito, pues, para llamarse universal? Si un sabio de Siam-China se aplicase a entender algún idioma europeo y tuviese encargo de su soberano de leer alguna historia de éstas, e informarle de su contenido, juzgo que ceñiría su dictamen a estas pocas líneas: «He leído la historia universal, cuyo examen se me ha cometido, y de su lectura infiero que en aquella parte del mundo que llaman Europa no hay más que una nación cultivada; es, a saber, la patria del autor, y los demás son unos países incultos, o poco menos, pues apenas tiene media docena de hombres ilustrados cada una de ellas, por más que nos hayan quedado tradiciones de padres a hijos, por las cuales sabemos que centenares de años ha arribaron a nuestras costas algunos navíos con hombres europeos, los cuales dieron noticia de que sus países en diferentes eras han producido varones dignos de la admiración de la posteridad. Digo que los tales viajeros deben ser despreciados por sospechosos en punto de verdad en lo que contaron de sus patrias y patriotas, pues apenas se habla de ellas ni de sus hijos en esta historia universal, escrita por un europeo, a quien debemos suponer completamente instruído en las letras de toda Europa, pues habla de toda ella.»

En efecto, amigo Ben-Beley, no creo que se pueda ver jamás una historia universal completa mientras se siga el método de escribirla uno solo o muchos de un mismo país.

¿No se juntaron los astrónomos de todos los países para observar el paso de Venus por el disco del sol? ¿No se comunican todas las academias de Europa sus observaciones astronómicas, sus experimentos físicos y sus adelantamientos en todas las ciencias? Pues señale cada nación cuatro o cinco de sus hombres los más ilustrados, menos preocupados, más activos y más laboriosos, trabajen éstos en los anales en lo respectivo a su patria, júntense después las obras que resultan del trabajo de los de cada nación, y de aquí se forme una verdadera historia universal, digna de todo aquel tal cual crédito que merecen las obras de los hombres.

CARTA LVIII

DEL MISMO AL MISMO

Hay una secta de sabios en la república literaria que lo son a poca costa: éstos son los críticos. Años enteros, y muchos, necesita el hombre para saber algo de las ciencias humanas; pero en la crítica (cual se usa) desde el primer día es uno consumado. Sujetarse a los lentos progresos del entendimiento en las especulaciones matemáticas, en las experiencias de la física, en los laberintos de la historia, en las confusiones de la jurisprudencia, es no acordarnos de la cortedad de nuestra vida, que, por lo regular, no pasa de sesenta años, rebajando de éstos lo que ocupa la debilidad de la niñez, el desenfreno de la juventud y las enfermedades de la vejez. Se humilla mucho nuestro orgullo con esta reflexión: el tiempo que he de vivir comparado con el que necesito para saber, es tal, que apenas merece llamarse tiempo. ¡Cuánto más nos lisonjea esta determinación! Si no puedo por este motivo aprender facultad alguna, persuado al mundo y a mí mismo que las poseo todas, y pronuncio *ex tripode* sobre cuanto oiga, vea y lea.

Pero no creas en esta clase se comprende a los verdaderos críticos. Los hay dignísimos de todo respeto. Pues ¿en qué se diferencian y en cómo se han de distinguir? preguntarás. La regla fija para no confundirlos es ésta: los buenos hablan poco sobre asuntos determinados y con moderación; los otros son como los toros, que forman la intención, cierran los ojos y arremeten a cuanto encuentran por delante, hombre, caballo, perro, aunque se claven la espada hasta el corazón. Si la comparación te pareciere baja, por ser de un ente racional con un bruto, créeme que no lo es tanto, pues apenas pueden llamarse hombres los que no cultivan su razón, y sólo se valen de una especie de instinto que les queda para hacer daño a todo cuanto se les presente, amigo o enemigo, débil o fuerte, inocente o culpado.

CARTA LIX

DEL MISMO AL MISMO

Dicen en Europa que la historia es el libro de los reyes. Si esto es así, y la historia se prosigue escribiendo como hasta ahora, creo firmemente que los reyes están destinados a leer muchas mentiras a más de las que oyen. No dudo que una relación exacta de los hechos principales de los hombres, y una noticia de la formación, auge, decadencia y ruina de los estados, darían en breves hojas a un príncipe lecciones de lo que ha de hacer sacadas de lo que otros han hecho. ¿Pero dónde se halla esta relación y esta noticia? No la hay ni la puede haber. Esto último te espantará; pero se te hará muy fácil de creer si reflexionas. Un hecho no se puede escribir sino en el tiempo en que sucede, o después de sucedido. En el tiempo del evento, ¿qué pluma se encargará de ello, sin que la detenga alguna razón de estado, o alguna preocupación? Después del cabo ¿sobre qué documento ha de trabajar el historiador que los transmita a la posteridad, sino sobre lo que dejaron escrito las plumas que he referido?

Yo mandara quemar de buena gana, decía yo a Nuño, en la tertulia, pocos días ha, todas las historias menos la del siglo presente. Daría el encargo de escribir ésta a un hombre lleno de crítica, imparcialidad y juicio. Los meros hechos sin aquellas reflexiones que comúnmente hacen más importante el mérito del historiador que el peso de la historia en la mente de los lectores, formarían toda la obra. —¿Y dónde se imprimiría? —dijo Nuño—; ¿y quién la leería? ¿Y qué efectos produciría? ¿Y qué pago tendría el escritor? Era menester —añadió con gracia—, era menester imprimirla junto al cabo de Hornos o al de Buena Esperanza, y leerla a los hotentotes o a los patagones, y aun así me temo

que algunos sabios de los que habrá sin duda a su modo
entre aquellos que nosotros nos servimos llamar salvajes dirían al oír tantos y tales sucesos al que los estuviera leyendo: «Calla, calla; no leas esas fábulas lle-
nas de ridiculeces y barbaridades; y los mozos prose-
guirían su danza, caza o pesca, sin creer que hubiese en
el mundo conocido parte alguna donde pudiesen suceder tales cosas.

Prosígase, pues, escribiendo la historia como se hace en el día; déjense a la posteridad noticias de nuestro siglo, de nuestros héroes y de nuestros abuelos con
poco más o menos la misma autoridad que las que nos
envió la antigüedad acerca de los trabajos de Hércules y de la conquista del Vellocino. Equivóquese la fábula con la historia, sin más diferencia que escribirse
ésta en prosa y la otra en verso; sea la armonía diferente, pero la verdad la misma, y queden nuestros hijos
tan ignorantes de lo que sucede en nuestro siglo como
nosotros lo estamos de los que sucedió en el de Encas.

Uno de los tertulianos quiso partir la diferencia entre el proyecto irónico de Nuño y lo anteriormente expuesto, opinando que se escribiesen tres géneros de historias en cada siglo: uno para el pueblo, en la que hubiese efectivamente caballos llenos de gente armada,
dioses amigos y contrarios, y sucesos maravillosos; otro
más auténtico, pero no tan sincera que descubriese del
todo los resortes que mueven las grandes máquinas;
éste sería del uso de la gente mediana; y otro cargado
de reflexiones políticas y morales en impresiones poco
numerosas, meramente reservadas *ad usum Principum*.

No me parece mal esta treta en lo político; y creo que
algunos historiadores españoles lo han ejecutado, a saber: Garibay con la primera mira, Mariana con la segunda, y Solís con la tercera. Pero yo no soy político,
ni aspiro a serlo; deseo sólo ser filósofo, y en este ánimo, digo que la verdad sola es digna de llenar el tiempo y ocupar la atención de todos los hombres, aunque
singularmente a los que mandan a otros.

CARTA LX

DEL MISMO AL MISMO

Si los hombres distinguiesen el uso del abuso y el
hecho del derecho, no serían tan frecuentes, tercas e
insufribles sus controversias en las conversaciones familiares. Lo contrario, que es lo que se practica, causa

una continua confusión, que mezcla amargura en lo dulce de la sociedad. Las preocupaciones de cada individuo hacen más densa la tiniebla, y se empeñan los hombres en que ven más claro mientras más cierran los ojos.

Pero donde se palpa más el abuso de esta costumbre es en la conversación de las naciones, o ya cuando se habla de su genio, o ya de sus costumbres o de su idioma. —Me acuerdo de haber oído contar a mi padre —dice Nuño hablando de esto mismo— que a últimos del siglo pasado, tiempo de la enfermedad de Carlos II, cuando Luis XIV tomaba todos los medios de adquirirse el amor de los españoles como principal escalón para que su nieto subiese al trono de España, todas las escuadras francesas tenían orden de conformarse en cuanto pudiesen con las costumbres españolas, siempre que arribasen a algún puerto de la península. Éste formaba un punto muy principal de la instrucción que llevaban los comandantes de escuadras, navíos y galeras. Era muy arreglado a la buena política, y podía abrir mucho camino para los proyectos futuros; pero el abuso de esta sabia preocupación hubo de tener malos efectos con un lance sucedido en Cartagena. El caso es que llegó a aquel pueblo una corta escuadra francesa. Su comandante destacó un oficial en una lancha para presentarse al gobernador y cumplimentarle de su parte: mandóle que antes de desembarcar en el muelle observase si en el traje de los españoles había alguna particularidad que pudiese imitarse por la oficialidad francesa, en orden a conformarse cuanto pudiesen con las costumbres del país, y que le diese parte inmediatamente antes de saltar en tierra. Llegó al muelle el oficial a las dos de la tarde, tiempo el más caluroso de una siesta de julio. Miró qué gentes acudían al desembarcadero; pero el rigor de la estación había despoblado el muelle, y sólo había en él por casualidad un grave religioso con anteojos puestos y no lejos un caballero anciano también con anteojos. El oficial francés, mozo intrépido, más apto para llevar un brulote a incendiar una escuadra, o para abordar un navío enemigo, que para hacer especulaciones morales sobre las costumbres de los pueblos, infirió que todo vasallo de la Corona de España de cualquier sexo, edad o clase que fuese estaba obligado por alguna ley hecha en cortes, o por alguna pragmática-sanción en fuerza de ley, a llevar de día y de noche un par de anteojos por lo menos. Volvió a bordo de su comandante, y le dió parte de lo que había observado. Decir cuál fué el apuro de toda la oficialidad para hallar tantos pares de anteojos cuantas narices había es inexplicable. Quiso

la casualidad que un criado de un oficial que hacía algún género de comercio en los viajes de su amo llevase
unas cuantas docenas de anteojos, y de contado se pu-
sieron los suyos el oficial, algunos que le acompañaron
y la tripulación de la lancha de vuelta para el desembarcadero. Cuando volvieron a él, la noticia de haber
llegado la escuadra francesa había llenado el muelle de
gente, cuya sorpresa no fué comparable con cosa de este
mundo, cuando desembarcaron los oficiales franceses,
mozos por la mayor parte, primorosos en su traje, alegres en su porte y risueños en su conversación, pero car-
gados con tan importunos muebles. Dos o tres compañías de soldados de galeras, que componían parte de la
guarnición, habían acudido con el pueblo; y como aquella especie de tropa anfibia se componía de la gente más
desalmada de España, no pudieron contenerse la risa.
Los franceses, poco sufridos, preguntaron la causa de
aquella mofa con más gana de castigarla, que de inqui-
rirla. Los españoles duplicaron las carcajadas, y la cosa
paró en lo que se puede creer entre el vulgo soldadesco. Al alboroto acudió el gobernador de la plaza y el
comandante de la escuadra. La prudencia de ambos, conociendo la causa de dónde dimanaba el desorden y las
consecuencias que podía tener, apacigüé con algún trabajo las gentes, no habiendo tenido poco para enterarse
los dos jefes, pues ni éste entendía el francés, ni aquél
el español; y menos se entendían un capellán de la escuadra y un clérigo de la plaza, que con ánimo de ser
intérpretes empezaron a hablar latín, y nada compren-
dieron de las mutuas respuestas y preguntas por la gran
variedad de la pronunciación, y el mucho tiempo que
el primero gastó en reírse del segundo, porque pronunciaba ásperamente la J, y el segundo del primero, porque pronunciaba el diptongo *au* como si fuese *o*, mientras los soldados y marineros se mataban.

CARTA LXI

DEL MISMO AL MISMO

En esta nación hay un libro muy aplaudido por todas
las demás. Lo he leído, y me ha gustado sin duda; pero
no deja de mortificarme la sospecha de que el sentido
literal es uno, y el verdadero es otro muy diferente.
Ninguna obra necesita más que ésta del diccionario de
Nuño. Lo que se lee es una serie de extravagancias de un

loco, que cree que hay gigantes, encantadores, etcétera, algunas sentencias en boca de un necio, y con muchas escenas de la vida bien criticadas; pero lo que hay debajo de esta apariencia es, en mi concepto, un conjunto de materias profundas e importantes.

Creo que el carácter de algunos escritores europeos (hablo de los clásicos de cada nación) es el siguiente: Los españoles escriben la mitad de lo que imaginan; los franceses más de lo que piensan, por la calidad de su estilo; los alemanes lo dicen todo, pero de manera que la mitad no se les entiende; los ingleses escriben para sí solos.

CARTA LXII

DE BEN-BELEY A NUÑO EN RESPUESTA DE LA XLII

El estilo de tu carta, que acabo de recibir, me prueba ser verdad lo que Gazel me ha escrito de ti tan repetidas veces. No dudaba yo que pudiese haber hombres de bien entre vosotros. Jamás creí que la honradez y rectitud fuese peculiar a éste o a otro clima; pero aun así creo que ha sido singular fortuna de Gazel el encontrar contigo. Le encargo que te frecuente, y a ti que me envíes una relación de tu vida, prometiéndote que te enviaré una muy exacta de la mía, pues a lo que veo, somos tales los dos que merecemos mutuamente tener un perfecto conocimiento el uno del otro. Alá te guarde.

CARTA LXIII

DE GAZEL A BEN-BELEY

Arreglado a la definición de la voz *política*, y su derivado *político*, según la entiende mi amigo Nuño, veo un número de hombres que desean merecer este nombre. Son tales, que con el mismo tono dicen la verdad y la mentira; no dan sentido alguno a las palabras *Dios, padre, madre, hijo, hermano, amigo, verdad, obligación, deber, justicia,* y otras muchas que miramos con tanto respeto, y pronunciamos con tanto cuidado los que no nos tenemos por dignos de aspirar a tan alto timbre con tan elevados competidores. Mudan de rostro mil veces más a menudo que de vestido. Tienen provisión hecha de cumplidos de enhorabuena y de pésame. Poseen gran caudal de voces equívocas; saben mil frases de mucho boato y ningún sentido. Han adquirido a costa de inmenso trabajo cantidades innumerables de ceños. sonrisas, carcajadas, lágrimas, sollozos, suspiros y (para que se vea lo que puede el entendimiento humano) hasta desmayos y accidentes. Viven sus almas en unos cuerpos flexibles y manejables, que tienen varias docenas de posturas para hablar, escuchar, admirar, despreciar, aprobar y reprobar, extendiéndose esta profunda ciencia teórico-práctica desde la acción más importante hasta el gesto más frívolo. Son, en fin, veletas que siempre señalan el viento que hace, relojes que notan la hora del sol, piedras que manifiestan la ley del metal, y una especie de índice general del gran libro de las cortes. ¿Pues cómo estos hombres no hacen fortuna? Porque gastan su vida en ejercicios inútiles y vanos ensayos de su ciencia. ¿De dónde vienen que no sacan el fruto de su trabajo? Les falta, dice Nuño, una cosa. ¿Cuál es la cosa que les falta? pregunto yo. ¡Friolera!, dice Nuño, no les falta más que entendimiento.

CARTA LXIV

DEL MISMO AL MISMO

A muy pocos días de mi introducción en algunas casas de esta corte me encontré con los tres memoriales siguientes. Como era precisamente entonces la temporada que los cristianos llaman *carnaval* o *carnestolendas*, creí que sería chasco de los que se acostumbran en semejantes días en estos países, pues no pude jamás creer que se hubiesen escrito de veras semejantes peticiones. Pero Nuño las vió y me dijo que no dudaba de la sinceridad de los que las firmaban; y que ya que las remitía a su inspección, no sólo les ponía informe favorable de oficio, sino que como amigo se empeñaba muy eficazmente para que yo admitiese el informe y la súplica.

Si te cogen de tan buen humor como cogieron a Nuño, creo que también las aprobarás. No se te hagan increíbles, pues yo, que estoy presenciando lances aun más ridículos, te aseguro ser muy regular. Te pondré los tres memoriales por el orden que vinieron a mis manos.

Primer memorial. —Señor Moro: Juana Cordoncillo, Magdalena de la Seda y compañía, apuntadoras y armadoras de sombreros, establecidas en Madrid desde el año 1748 en el nombre y con poder de todo el gremio, con el mayor respeto decimos a usted: que habiendo desempeñado las comisiones y encargos, así para dentro como para fuera de la Corte, con general aprobación de todas las cabezas de nuestros parroquianos, en el arte de cortar, apuntar y armar sombreros, según las varias modas que ha habido en el expresado término, están en grave riesgo de perder su caudal, y lo que es más, su honor y fama, por lo escaso que está el tiempo en materia de invención de nueva moda en su facultad, el nobilísimo arte de *sombreripidia.*

Cuando nuestro ejército volvió de Italia, se introdujo el sombrero *a la chambery* con la punta del pico delantero tan agudo que a falta de lanceta podría servir para sangrar aunque fuese a una niña de poca edad. Duró esta moda muchos años, sin más innovación que la de algunos indianos que aforraban su sombrero, así armado, con alguna especie de lanilla del mismo castor.

El ejercicio *a la prusiana* fué época de nuestro gremio, porque desde entonces se varió la forma de los sombreros, minorando en mucho lo agudo, lo ancho y lo largo del dicho pico.

Continuó esto así hasta la guerra de Portugal, de cuya vuelta ya se innovó el sistema, y nuestros militares llevaron e introdujeron otros sombreros armados *a la beauvau.* Esta mutación dió nuevo fomento a nuestro comercio.

Estuvimos todas a pique de hacer rogativas porque no se divulgase la moda de llevar los sombreros debajo del brazo, como intentaron algunos de los que en Madrid tienen votos en esta materia; duró poco este susto. Volvieron a cubrirse en agravio de los peinados primorosos; volvimos a triunfar de los peluqueros, y volvió nuestra industria a florecer. Quisimos celebrar solemnemente esta victoria conseguida por una revolución favorable: no se nos permitió; pero nuestro secretario la señaló en los anales de nuestra república sombreril, y señalada que fué, la archivó.

Cayó esta moda, y se introdujo la de armarse *a la suiza,* con cuyo producto creíamos que en breve circularía tanto dinero físico entre nosotras como puede haber en los catorce cantones; pero los peluqueros franceses acabaron con esta moda, con la introducción de otros sombreros casi imperceptibles para quien no tenga buena vista o buen microscopio.

Los ingleses, eternos émulos de los franceses, no sólo en armas y letras, sino en industria, nos iban a introducir sus gorras de montar a caballo, con lo que éramos perdidas sin remedio; pero Dios mejoró sus horas, y quedamos como antes, pues vemos se perpetúa la moda de sombreros armados *a la invisible* con una continuación, y una, digámoslo así, inmutabilidad que no tiene ejemplo, ni lo han visto nuestras antiguas de gremio. Esta constancia será muy buena en lo moral; pero no en lo político, y particularmente para nuestro ramo, es muy mala: ya no contemos con este oficio. Cualquiera ayuda de cámara, lacayo, volante sabe armarlos, y nos hacemos cada día menos útiles; así llegaremos a ser del todo sobrantes en el número de los artesanos, y tendremos que pedir limosna. En este supuesto, y bien considerado que ya se hacía irremediable nuestra ruina, a no haber usted venido a España, le hacemos presente lo triste de nuestra situación; por tanto:

Suplicamos a Vm. se sirva darnos un cuadernillo de láminas, en cada una de las cuales esté pintado, dibujado, grabado o impreso uno de los turbantes que se usan en la patria de Vm. para ver si de la hechura de ellos podemos tomar modelo, norma, figura y molde para armar los sombreros de nuestros jóvenes. Estamos muy persuadidas que no les disgustarán sombreros *a la marrueca;* antes creo que los paisanos de Vm. serán los que tengan algún sentimiento en ver la menor analogía entre sus cabezas y las de nuestros petimetres. Gracias que esperamos recibir de las relevantes prendas de Vm., cuya vida guarde Dios los años que necesitamos.

Segundo. —Señor Marrueco: los diputados del gremio de sastres, con el mayor respeto hacemos a Vm. presente, que habiendo sido hasta ahora la novedad lo que más nos ha dado de comer; y que habiéndose acabado sin duda la fertilidad del entendimiento humano, pues ya no hay invenciones de provecho en cortes de casacas, chupas, y calzones, sobretodos, redingotes, cabrioles y capas, estamos deseosos de hallar quien nos ilumine. Los calzones de la última moda, los de la penúltima y los de la anterior, ya son comunes. Anchos, estrechos, con muchos botones, con pocos, con botonazos han apurado el discurso, y parece haber hallado el entendimiento su *non plus ultra* en materia de calzones.

Suplicamos a Vm. se sirva darnos varios diseños de calzones, calzoncillos y calzonazos; cuales se usan en África, para que puestos en la mesa de nuestro decano, y examinados por los más antiguos y graves de nuestros hermanos, se aprenda algo sobre lo que parezca conveniente introducir en la moda de calzones; pues creemos que volverán a su más elevado auge nuestro crédito e interés si sacamos a luz algo nuevo que pueda acomodarse a los calzones de nuestros europeos, aun-

que sea sacado de los calzones africanos: piedad que
desean alcanzar de la benevolencia de Vm. cuya vida
guarde Dios muchos años.

Tercero. —Señor Gazel: los siete más antiguos del
gremio de zapateros catalanes, con el mayor respeto puestos a los pies de Vm. en nombre de todos sus hermanos,
inclusos los de viejo, portaleros y remendones, le hacemos presente que vamos a hacer la bancarrota zapa-
teril más escandalosa que puede haber, porque a más
del menor consumo de zapatos, nacido de andar en
coche tanta gente, que andaba poco ha y debiera andar
siempre a pie, la poca variedad que cabe en un zapato,
así de corte como de costura y color, nos empobrece.

El tiempo que duró el tacón colorado pasó; también pasó
pasó la temporada de llevar la hebilla baja, a gran beneficio nuestro, pues entraba una sexta parte menos
de material en un par de zapatos, y se vendían por el
mismo precio.

Todo ha cesado ya; y parece haber fijado, a lo menos
para lo que queda del presente siglo, el zapato *alto abo-
tinado*, que los hay que no parecen sino coturnos o cal-
zado de San Miguel. A más del daño que nos resulta de
no mudarse la moda, subsiste siempre el menoscabo de
una séptima parte más de material que entra en ellos
sin aumentar el precio establecido: por tanto:

Suplicamos a Vm. se sirva dirigirnos un juego completo de botas, botines, zapatos, babuchas, chinelas, al-
pargatas y toda cualesquiera otra especie de calzamen-
ta africana, para saber de ella las innovaciones que nos
parezcan adoptables al piso de las calles de Madrid. Fi-
neza que deseamos deber a Vm. cuya vida guarden San
Crispín y Dios muchos años.

Hasta aquí los memoriales. Nuño, como llevo dicho,
los informó y apoyó con toda eficacia; y aun suele leér-
melos con comentarios de su propia imaginación, cuando conoce que la mía está algo melancólica. Anoche
me decía acabando de leerlos: mira, Gazel, estos pre-
tendientes tienen razón. Las apuntadoras de sombreros,
por ejemplo, ¿no forman un gremio muy benemérito
del estado? ¿No contribuye infinito a la fama de nuestras armas la noticia de que los sombreros de nuestros
militares están cortados, apuntados, armados, galonea-
dos y escarapelados por manos de fulana, zutana o men-
gana? Los que escriban las historias de nuestro siglo,
¿no recibirán mil gracias de la posteridad por haberla
instruido de que el año de tantos vivía en tal calle, casa número tantos, una persona que apuntó los sombreros a doscientos cadetes de guardias, cuatrocientos de

infantería, veintiocho de caballería, ochocientos oficiales subalternos, trescientos capitanes y ciento cincuenta oficiales superiores? ¡Pues cuánta mayor honra para nuestro siglo si alguno escribiese el nombre, edad, ejercicio, vida y costumbres del que introdujo tal o tal innovación en la parte principal de nuestras cabezas modernas! ¡Qué repugnancia hallaron en los ya proyectados, qué maniobras se hicieron para vencer este obstáculo, cómo se logró al arrinconar los sombreros que carecían de tal o tal adorno!, etc.

Por lo que toca a los sastres, paréceme muy acertada su solicitud, y no menos justa la pretensión de los zapateros. Aquí donde me ves, yo he tenido algunas temporadas de petimetre, habiéndome hallado en la fuerza de mi tabardillo cuando se usaba la hebilla baja en los zapatos (cosa que ya ha quedado solo para volantes, cocheros y majos) te aseguro que, o sea mi modo de pisar, o sea que llovía mucho en aquellos años, o sea que yo era algo extremado y riguroso en la observancia de las leyes de la moda, me acuerdo que llevaba la hebilla tan sumamente baja, que se me solía quedar en la calle; y un día, entre otros, que subí al estribo de un coche a hablar con una dama que venía del Pardo, me bajé de pronto del estribo quedándome en él un zapato cuando arrancó el tiro de mulas a un galope de más de tres leguas por hora; y yo me quedé a más de media legua de la puerta de San Vicente descalzo de un pie; y precisamente era una tarde hermosa de invierno en que se había despoblado Madrid para tomar el sol; y yo me vi corrido como una mona, teniendo que atravesar todo el paseo y mucha parte de Madrid con un zapato menos. Caí enfermo del sofocón, y me mantuve en casa hasta que salió la moda de llevar la hebilla alta. Pero como entre aquel extremo, y el de la última en que ahora se hallan, han pasado años, he estado mucho tiempo observando el lento ascenso de las expresadas hebillas por el pie arriba, con la impaciencia y cuidado que un astrónomo está viendo la subida de un astro por el horizonte, hasta tenerlo en el punto en que lo necesita para su observación.

Dales, pues, a esas gentes modelos que sigan, que tal vez habrá en ellos cosas que me acomoden. Sólo para ti será el trabajo; porque si los demás artesanos conocen que tu dirección aprovecha a los gremios que la han solicitado, vendrán todos con igual molestia a pedirte la misma gracia.

CARTA LXV

DEL MISMO AL MISMO

Yo me vi una vez, decíame Nuño no ha mucho, en la precisión de que me despreciasen por tonto, o me aborreciesen como capaz .de vengarme. No tardé en escoger, a pesar de mi amor propio, el concepto que más me abatía. Humilláronme en tonto grado, que nada me podría consolar sino esta reflexión que hice con mucha frecuencia: con abrir yo la boca, me temblarían en lugar de mofarme; pero yo me estimaría menos. La autoridad de ellos puede desvanecerse; pero mi interior testimonio ha de acompañarme más allá de la sepultura. Hagan, pues, ellos lo que quieran, yo haré lo que debo.

Esta mañana, sin duda, es excelente, y mi amigo Nuño hace muy bien en observarla; pero es cosa fuerte que los malos abusen de la paciencia y virtud de los buenos. No me parece ésta menor villanía que la del ladrón que roba y asesina al pasajero que se halla dormido e indefenso en un bosque. Aun me parece mayor, porque el infeliz asesinado no conoce el mal que se le hace; pero el hombre virtuoso de este caso está viendo continuamente la mano que le hiere mortalmente. Esto no obstante, dicen que es común en el mundo. —No tanto, respondió Nuño. Las gentes se cansan de esta superabundancia de honradez, y suelen vengarse cuando pueden. Lo que más me lisonjeaba en aquella situación, era el conocimiento de ser yo original en mi conducta. Aun les daba ya gracias de haberme precisado a hacer un examen tan riguroso de mi hombría de bien. De su suma crueldad me resultaba el mayor consuelo; y lo que para otros hubiera sido un tormento riguroso, era para mí una nueva especie de delicia. Me tenía yo a mí mismo por un Belisario de segunda clase, y solamente me hubiera trocado por aquel general, para serlo en la primera, contemplando que hubiera sido mayor mi satisfacción, cuanto más alta mi elevación y más baja mi caída.

CARTA LXVI

DEL MISMO AL MISMO

En Europa hay varias clases de escritores. Unos escriben cuanto les viene a la pluma; otros, lo que les mandan escribir; otros, todo lo contrario de lo que sienten; otros, lo que le agrada al público con lisonja; otros, lo que les choca con reprensiones. Los de la primera clase están expuestos a más gloria y más desastres porque pueden producir mayores aciertos y desaciertos. Los de la segunda, se lisonjean de hallar el premio seguro de su trabajo; pero si acabado de publicarlo se muere o se aparta el que se lo mandó, y entra a sucederle uno de sistema opuesto, suelen encontrar castigo en vez de recompensa. Los de la tercera, son mentirosos, como los llama Nuño, y merecen por escrito el odio de todo el público. Los de la cuarta, tienen algunas disculpa, como la lisonja no sea muy baja. Los de la última merecen aprecio por el valor, pues no es poco el que necesita para reprender a quien se halla bien con sus vicios o bien cree que el libre ejercicio de ellos es una preeminencia muy apreciable. Cada nación ha tenido algunos censores más o menos rígidos; pero creo que para ejercer este oficio con algún respeto de parte del vulgo, necesita el que lo emprende hallarse limpio de los defectos que va a censurar. ¿Quién tendría paciencia en la antigua Roma, para ver a Séneca escribir contra el lujo y magnificencia con la mano misma que se ocupaba con notable codicia en atesorar millones? ¿Qué efecto podría producir todo el elogio que hacía de la medianía, quien no aspiraba sino a superar a los poderosos con esplendor? El hacer una cosa y escribir la contraria, es el modo más tirano de burlar la sencillez de la plebe, y es también el medio más poderoso para exasperarla, si llega a comprender este artificio.

CARTA LXVII

DE NUÑO A GAZEL

Desde tu llegada a Bilbao no he tenido carta tuya; la espero con impaciencia, para ver qué concepto formas de esos pueblos en nada parecidos a otro alguno. Aunque en la capital la gente se parezca a la de otras capitales, los habitantes del campo y provincias son verdaderamente originales. Idioma, costumbres, trajes, son totalmente peculiares sin la menor conexión con otras.

Noticias de literatura, que tanto solicitas, no tenemos estos días; pero en pago te contaré lo que me pasó poco ha en los jardines del Retiro con un amigo mío; y a fe que dicen es sabio de veras, porque aunque gasta doce horas en cama, cuatro en el tocador, cinco en visitas y tres en el paseo, es fama que ha leído cuantos libros se han escrito, y en profecía cuantos se han de escribir en hebreo, siriaco, caldeo, egipcio, chino, griego, latín, o español, italiano, francés inglés alemán, holandés, portugués, suizo, prusiano, dinamarqués, ruso, polaco, húngaro y hasta la gramática vizcaína del padre Larramendi. Éste tal, trabando conversación conmigo sobre los libros y papeles dados al público en estos años, me dijo:
—He visto varias obrillas modernas así tal cual; —y luego tomó un polvo y se sonrió, y prosiguió: —Una cosa les falta, sí; una cosa. —Tantas les faltará y tantas le sobrará... — dije yo. No, no es eso — replicó el amigo, y tomó otro polvo y se sonrió otra vez, y dió dos o tres pasos, y continuó: —Una sola, que caracterizaría el buen gusto de nuestros escritores. ¿Sabe el señor don Nuño cuál es? — dijo, dándole vueltas a la capa entre el dedo pulgar y el índice. —No —respondí yo lacónicamente. —¿No? —instó el otro. —Pues yo se la diré; —y volvió a tomar un polvo, y a sonreírme, y a dar otros tres pasos. —Les falta — dijo con magisterio—, les falta en la cabeza de cada párrafo un texto latino, sacado de algún autor clásico, con cita, y hasta la noticia de la edición con aquello de *mihi* entre paréntesis; con eso el escritor da a entender al vulgo que se halla dueño de todo el siglo de Augusto *materialiter et formaliter*. ¿Qué tal? —y tomó doble dosis de tabaco, sonrióse, y paseó, me miró, y me dejó para ir a dar su voto sobre una bata nueva que se presentó en el paseo.

Quedo solo, raciocinando así: Este hombre, tal cual Dios le crió, es tenido por un pozo de ciencia, golfo de erudición y piélago de literatura; luego haré bien si sigo sus instrucciones. Adiós, dije yo para mí; adiós, sabios españoles de 1500, sabios franceses de 1600, sabios ingleses de 1700; se trata de buscar retazos sentenciosos del tiempo de Augusto; y agracias que no nos envían algunos siglos más atrás en busca de qué renglones poner a la cabeza de lo que se ha de escribir en el año, que si no miente el Kalendario es el de 1774 de la era cristiana, 1187 de la Hegira de los árabes, 6973 de la creación del mundo, 4731 del diluvio universal, 4018 de

la fundación de España, 3943 de la de Madrid, 2549 de la
era de las Olimpiadas, 192 de la corrección gregoriana,
16 del reinado de nuestro glorioso y piadoso monarca
Carlos III, que Dios guarde.

Fuíme a casa, y sin abrir más que una obra, encontré
una colección completa de estos epígrafes.

Extractélos y los apunté con toda formalidad; llamé a
mi copiante, que ya conoces, hombre asaz extraño, y le
dije: —Mire vmd. don Joaquín; vuestra merced es mi
archivero, y digno depositario de todos mis papeles, papelillos y papelones en prosa y en verso. En este supuesto, tome vmd. esta lista, que no parece sino de motes
para galanes y damas; y advierta vmd. que si en adelante caigo en la tentación de escribir algo para el público, debe vuestra merced poner un renglón de éstos
en cada una de mis obras, según y como venga más al
caso, aunque sea estirando el sentido. —Está muy bien —
dijo mi don Joaquín, que a estas horas ya había sacado
los anteojos, cortado una pluma nueva y probado en el
sobrescrito de una carta con un *muy señor mío*, muy
hermoso y muchos rasgos. —De este modo los ha de
emplear vmd. —proseguí yo:

Si se me ofrece, que creo se me ofrecerá, alguna disertación sobre lo mucho superficial que hay en las
cosas, ponga vmd. aquello de Persio:

Oh curas hominum! quantum est in rebus inane!

Cuando publique endechas muy tristes sobre la muerte de algún personaje célebre, cuya pérdida sea sensible,
vea vmd. cuán al caso vendrá la conocida dureza de
algunos soldados de los que tomaron a Troya, diciendo
con Virgilio:

...Quis talia fando
Myrmidonum, Dolopumve, aut duri miles Ulyssei
Temperet a lacrymis!

Dios me libre de escribir de amor, pero si tropiezo
en esta flaqueza humana, y ando por estos montes y
valles, bosques y peñas, fatigando a la ninfa Eco con los
nombres de Amarilis, Aminta, Servia, Nise, Corina, De-
lia, Galatea y otras, por mucha prisa que yo le dé a
vmd. no hay que olvidar lo de Ovidio:

Scribere jussit Amor

Si me pongo alguna vez muy despacio a consolar algún
amigo, o a mí mismo, sobre alguna de las infinitas

desgracias que nos pueden acontecer a todos los herede-
ros de Adán, sírvase vmd. poner de muy bonita letra
lo de Horacio:

> Aequam memento rebus in asperis
> Servare mentem.

Cuando yo declame por escrito contra las riquezas,
porque no las tengo, como hacen otros, y hacen menos
mal que los que declaman contra ellas y no piensan sino
en adquirirlas, ¡qué mal hará vuestra merced si no pone,
hurtándoselo a Virgilio, que lo dijo en una ocasión harto
serio, grave y estupendamente!:

> Quid non mortalis pectora cogis,
> Auri sacra fames!

Sentiré muy mucho que la depravación de costumbres me haga caer en la torpeza de celebrar los des-
órdenes; pero como es tan fácil ésta, nuestra máquina,
¿qué sé yo si algún día me echaré a aplaudir lo que
siempre he reprendido, y cante que es inútil trabajo
el de guardar mujeres, hijas y hermanas? A esta piadosa
producción hágame vmd. el corto agasajo de poner, de
boca de Horacio:

> Inclusam Danaen turris ahenea,
> Robustaeque fores, ac vigilum canum
> Tristes excubiae, munierant satis
> Nocturnis ab adulteris.

Si algún día llego a profanar tanto mi pluma que escriba contra lo que pienso, y digo entre otras cosas que
este siglo es peor que otro alguno con ánimo de con-
graciarme con los viejos del siglo pasado, lo que puedo
hacer a muy poca costa, sólo conque vuestra merced se
sirva poner en la cabeza lo que él mismo dijo del suyo:

> Clamant, periisse pudorem,
> Cuncti penè Patres.

Si el cielo de Madrid no fuese tan claro y hermoso, y
se convirtiese en triste, opaco y caliginoso como el de
Londres (cuya triste opacidad y caliginosidad depende,
según geógrafos físicos, de los vapores del Támesis, del
humo del carbón de piedra y otras causas), me atrevería
ya a publicar las *Noches lúgubres* que he compuesto a
la muerte de un amigo, por el estilo de las que escribió

el doctor Youg. La impresión sería en papel negro con letras amarillas, y el epígrafe, a mi ver muy oportuno aunque se deba traer de la catástrofe de Europa a un caso particular, sería el de

> Crudelis ubique
> Luctus, ubique pavor, tum plurima noctis imago.

Cuando publiquemos, mi don Joaquín, la colección de cartas que algunos amigos me han escrito en varias ocasiones, porque hoy de todo se hace dinero, Horacio tendrá también que hacer esta vez el gasto, y diremos con él:

> Nil ego praetulerim jucundo sanus amico.

A fuerza de hallarse poetas muchos tunantes, ridículos, necios, bufones, truhanes y otros, ha caído mucho la poesía del antiguo aprecio con que se trataba marras a los buenos poetas. Ya ve vuestra merced, mi D. Joaquín, cuán al caso vendrá una disertación, volviendo por el honor de la poesía verdadera, diciendo su origen, aumento, decadencia, ruina y resurrección; y también ve vuestra merced, mi D. Joaquín, cuán del caso sería pedir otra vez a Horacio un poquito de latín por amor de Dios, y decir:

> Sic honor, et nomen divinis vatibus, atque
> Carminibus venit.

Al ver tanto papel como hace gemir la prensa de nuestros días, ¿quién podrá detener la pluma, por poco satírica que sea, y dejar de repetir con el nada lisonjero Juvenal?

> Tenet insanabiles multos scribendi cacoehtes.

Paréceme que por punto general debo yo, y debe todo escritor, o bien de papeles como éste, pequeños, o bien de tomazos grandes, como algunos que yo sé, escribir ante todas las cosas después de cruz y margen lo que Marcial:

> Sunt bona, sunt quaedam mediocria, sunt mala plura,
> Quae legis hic: aliter non fit, Avite, liber.

Siempre que yo vea salir al público un libro escrito en nuestros días en castellano puro, flúido, natural, corriente y genuino, cual se escribía en tiempo de mi

señora abuela, prometo darle gracias al autor en nombre
de los difuntos señores Garcilaso, Cervantes, Mariana,
Mendoza, Solís y otros (que Dios haya perdonado), y
el epígrafe de mi carta será:

> ...Auri carissima nostrae
> Simplicitas.

Tengo, como vuestra merced sabe, D. Joaquín, un
tratado en vísperas de concluirle contra el archicrítico
maestro Feijóo, con que pruebo contra el sistema de
su reverendísima ilustrísima que son muy comunes, y
por legítima consecuencia no tan raros, los casos de
duendes, brujas, vampiros, brúcolas, trasgos y fantasmas, todo ello auténtico por deposición de personas fi-
dedignas, como amas de niños, abuelas, viejas del lugar
y otras de igual autoridad. Hago ánimo de publicarlo en
breve, con láminas finas y exactos mapas, singularmente
la estampa del frontispicio, que representa el campo de
Barahona, con una asamblea general de toda la nobleza
y plebe de la brujería, a cuyo fin volveremos a llamar
a la puerta de Horacio, aunque sea a media noche y,
pidiéndole otro texto para una necesidad, tomaremos
de su mano lo de:

> Somnia, terrores magicos, miracula, sagax;
> Nocturnos lemures, portentaque tesala rides.

El primer soberano que muera en el mundo, aunque
sea un cacique de indios entre los apaches, como su
muerte llegue a mis oídos, me dará motivo para una
arenga oratoria sobre la igualdad de las condiciones humanas respecto a la muerte, y vuelta en casa de Horacio
en busca de:

> Pallida mors aequo pulsat pede
> Pauperum tabernas, regumque turres

Por nada quisiera yo ser hombre de entradas y salidas, negocios graves, secretos importantes y ocupaciones
misteriosas, sino para volverme loco un día, apuntar
cuanto supiera, y enviar mi manuscrito a imprimirse
en Holanda sólo para aprovechar lo que dijo Virgilio
a los dioses del infierno:

> Sit mihi fas, audita loqui.

Supongamos que algún día sea yo académico, aunque
indigno, de cualesquiera de las academias o academías

(escríbalo vuestra merced como quiera, mi don Joaquín, largo o breve, que sobre eso no hemos de reñir), sí, como digo de mi asunto, algún día soy individuo de alguna de ellas, aunque sea la famosa de Argamasilla que hubo en tiempo del muy valiente señor Don Quijote de andante memoria; el día que tome asiento entre tanta gente honrada he de pronunciar un largo y patético discurso sobre lo útil de las ciencias, sobre todo en la particularidad de ablandar los genios y suavizar las costumbres, y molidos que estén mis compañeros con lo pesado de mi oratoria, les resarciré el perjuicio padecido en su paciencia, acabando de decir, cual Ovidio:

> Ingenuas didicisse fideliter artes,
> Emollit mores, nec sinit esse feros.

Mire vuestra merced, D. Joaquín, por ahí anda una cuadrilla de muchachos que no hay quién los aguante. Si uno habla con un poco método escolástico, se echan a reír, y de cuatro tajos o reveses le hacen a uno callar. Esto ya ve vuestra merced cuán insufrible ha de ser por fuerza a los que hemos estudiado cuarenta años a Aristóteles, Galeno, Vinio y otros, en cuya lectura se nos han caído los dientes, salido las canas, quemado las cejas, lastimado el pecho y acortado la vista, ¿no es verdad, D. Joaquín? Pues mire vuestra merced, los tengo entre manos y los he de poner como nuevos. Diré lo mismo que dijo Juvenal de otros perillanes de su tiempo, arguyéndoles del respeto con que en otros tiempos se miraban las canas, pues dice que:

> Credebant hoc grande nefas, et morte piandum
> Si juvenis vetulo non adsurrexerit.

Me alegraría de tener mucho dinero por hacer muchas cosas, y entre otras para hacer una nueva edición de nuestros dramáticos del siglo pasado, con notas, ya críticas, ya apologéticas, y bajo el retrato de D. Frey Lope de la Vega Carpio (que los franceses han dado en llamar López y decir que fué hijo de un cómico), aquello de Ovidio:

> Video meliora, proboque:
> Deteriora sequor.

Cuando nos vayamos a la aldea que vuestra merced sabe, y escribamos a los amigos de Madrid, aunque no sea más que pidiéndoles las gacetas, o encargándoles

alguna friolera, no se olvide vuestra merced de poner
la que puso Horacio, diciendo:

Scriptorum chorus omnis amat nemus, et fugis urbes.

Sobre el rumbo que ha tomado la crítica en nuestros
días, no fuera malo tampoco el dar a luz un discurso
que señalase el verdadero método que ha de seguir para
ser útil a la república literaria; en este caso el mote
sería de Juvenal:

> Dat veniam corvis vexat censura
> columbas...

Alguna vez me he puesto a considerar cuán digno
asunto para un poema épico es la venida de Felipe V
a España, cuanto adorno se podría sacar de los lances
que le acaecieron en su reinado; cuanto pronóstico feliz
para España la amable descendencia que dejó. Ya había
yo formado el plan de mi obra; la división de cantos,
los caracteres de los principales héroes, la colocación de
algunos episodios, la imitación de Homero y Virgilio;
varias descripciones, la introducción de lo sublime y ma-
ravilloso, la relación de algunas batallas, y aun había
empezado la versificación; cuidando mucho de poner
r, r, r, en los versos duros, l, l, l, en los blandos, evi-
tando los consonantes vulgares de ible, able, ente, eso
y otros tales; en fin, la cosa iba de veras cuando conocí
que la epopeya es para los modernos el ave fénix de
quien todos hablan y a quien nadie ha visto. Fué preciso dejarlo, y a fe que le tenía buscado un epígrafe
muy corerspondiente al asunto, y era de Virgilio, cuando
metiéndose a poeta dijo, en voz hinchada y enfática:

> Jam nova progenies coelo demittitur
> alto

No fuera malo dedicarnos un poco de tiempo a buscar
faltas, errores, equivocaciones, yerros y lugares oscuros
en los más clásicos autores nuestros o ajenos, y luego
salir con una crítica de ellos muy humilde al parecer,
pero en la realidad muy soberbia (especie de humildad
muy a la moda), y poner en el frontispicio, como por
vía de obsequio al autor criticado, lo de Horacio, a
saber:

> Quandoque bonus dormitat Homerus

Y así de todos los demás asuntos que puedan ofrecerse. Te estoy viendo reír de este método, amigo Gazel, que sin duda te parecerá pura pedantería; pero vemos mil libros modernos que no tienen nada de bueno sino el epígrafe.

CARTA LXVIII

DE GAZEL A BEN-BELEY

Examina la historia de todos los pueblos, y verás que toda nación se ha establecido por la autoridad de costumbres. En este estado de fuerza se ha aumentado, de este aumento ha venido la abundancia, de esta abundancia se ha producido el lujo, de este lujo se ha seguido afeminación, de esta afeminación ha nacido la flaqueza, de la flaqueza ha dimanado su ruina. Otros lo han dicho antes que yo y mejor que yo; pero no por eso deja de ser verdad y verdad útil, y las verdades útiles están lejos de ser repetidas con sobrada frecuencia, que pocas veces llegan a repetirse con la suficiente.

CARTA LXIX

DE GAZEL A NUÑO

Como los caminos son tan malos en la mayor parte de las provincias de tu país, no es de extrañar que se rompan con frecuencia los carruajes, se despeñen las mulas y los viajantes pierdan las jornadas. El coche que saqué de Madrid ha pasado varios trabajos; pero el de quebrarse uno de sus ejes, pudiendo serme muy sensible, no sólo no me causó desgracia alguna, sino que me procuró uno de los mayores gustos que puede haber en la vida, a saber: la satisfacción de tratar, aunque no tanto tiempo como quisiera, con un hombre distinto de cuantos hasta ahora he visto y pienso ver. El caso fué al pie de la letra como sigue, porque le apunté muy individualmente en el diario de mi viaje:

A pocas leguas de esta ciudad, bajando una cuesta muy pendiente, se disparó el tiro de mulas, volcóse el coche, rompióse el eje delantero y una de las varas. Luego que volvimos del susto y salimos todos como pudimos por la puertecilla que quedó en alto, me dijeron los cocheros que necesitaban muchas horas para reparar este daño, pues era preciso ir a un lugar que estaba a una legua del paraje en que nos hallábamos para traer quien lo remediase. Viendo que iba anocheciendo, me pareció mejor irme a pie con un criado, y cada uno con su escopeta al lugar, y pasar la noche en él, durante la cual se remediaría el fracaso y descansaríamos los maltratados. Así lo hice. Y empecé a seguir una vereda que el mismo cochero me señaló, por un terreno despoblado y nada seguro, al parecer, por lo áspero del monte. A cosa de un cuarto de legua me hallé en un paraje menos desagradable, y en una peña de la orilla de un arroyo vi un hombre de buen porte en acción de meterse un libro en el bolsillo, levantarse, acariciar un perro y ponerse un sombrero de campo, tomando un bastón más robusto que primoroso. Su edad sería de cuarenta años, y su semblante era apacible, el vestido sencillo pero aseado, y sus ademanes llenos de aquel desembarazo que da el trato frecuente de las gentes principales sin aquella afectación que inspira la arrogancia y vanidad. Volvió la cara de pronto al oír mi voz, y saludóme. Le correspondí, adelentéme hacia él y, diciéndole que no me tuviese por sospechoso por el paraje, compañía y armas, pues el motivo era lo que me acababa de pasar (que le conté brevemente), preguntéle si iba bien para tal pueblo. El desconocido volvió a saludarme por segunda vez, y me dijo que sentía mi desgracia, que eran frecuentes en aquel puesto; que varias veces lo había hecho presente a las justicias de aquellas cercanías y aun a otras superiores; que no diese un paso más hacia donde había determinado porque estaba a un tiro de bala de allí la casa en que residía; que desde allí despacharía un criado suyo a caballo al lugar para que el alcalde enviase el auxilio competente. Acordéme entonces de tu encuentro con el caballero, ahijado del tío Gregorio; pero ¡cuán otro era éste! Obligóme a seguirle y, después de haber andado algunos pasos, sin hablar cosa que importase, prorrumpió diciendo: —Habrá extrañado el señor forastero el encuentro de un hombre como yo a estas horas y en este paraje, pero más extraño le parecerá lo que oiga y vea de aquí en adelante mientras se sirva permanecer en mi compañía y casa, que es ésta —señalando una que ya tocábamos. En esto llamó a una puerta grande de la tapia de un huerto contiguo a ella. Ladró un perro disforme, acudieron dos mozos del campo, que abrieron luego y, entrando por un hermoso plantío de toda especie de árboles frutales al lado de un estanque muy capaz, cubierto de pavos y ánades, llegamos a un corral lleno de toda especie de aves, y de allí a un patio pequeño. Salieron de la casa dos niños muy hermosos, que se arrodillaron y le besaron la mano; uno le tomó el bastón, otro el sombrero, y se adelantaron corriendo y diciendo: —Madre, ahí viene padre. —Salió al umbral de la puerta una matrona, llena de aquella hermosura majestuosa que inspira más respeto que pasión, y al ir a echar los brazos a su esposo reparó la compañía de los que íbamos con él. Detuvo el ímpetu de su ternura, y la limitó a preguntarle si había tenido alguna novedad, pues tanto había tardado en volver, a lo cual éste la respondió con estilo amoroso, pero decente. Presentóme a su mujer, diciéndola el motivo de llevarme a su casa, y dió orden de que se ejecutase lo ofrecido para que pudiese venir el coche. Entramos juntos por varias piezas pequeñas, pero cómodas, alhajadas con gracia y sin lujo, y nos sentamos en la que se preparó para mi hospedaje.

A nuestra vista te referiré despacio la cena, la conversación que en ella hubo, las disposiciones caseras que dió mi huésped delante de mí; el modo cariñoso y bien ordenado con que se apartaron los hijos, mujer y criados a recogerse, y las expresiones de atractivo con que me ofreció su casa, me suplicó usase de ella, y se retiró para dejarme descansar. Quería también ejecutar lo mismo un criado anciano, que parecía de toda su confianza y que había quedado esperando que yo me acostase para llevarse la luz, pero había movido demasiado la curiosidad toda aquella escena, y me parecían muy misteriosos sus personajes para no indagar el carácter de cada uno. Detúvele, pues, y con vivas instancias le pedí una y mil veces me declarase tan largo enigma. Resistióse con igual eficacia, hasta que al cabo de alguna suspensión puso sobre la mesa la bujía que había tomado para irse, entornó la puerta, se sentó y me dijo que no dudaba los deseos que yo tendría de enterarme en el genio y condición de su amo; y prosiguió poco más o menos en estas voces:

—Si el cariño de una esposa amable, la hermosura del fruto del matrimonio, una posesión pingüe y honorífica, una robusta salud y una biblioteca selecta con que pulir un talento claro por naturaleza, pueden hacer feliz a un hombre que no conoce la ambición, no hay en el mundo quien pueda jactarse de serlo más que mi amo, o, por mejor decir, mi padre, pues tal es para todos sus criados. Su niñez la pasó en esta aldea, su juventud primera en la Universidad; luego siguió el ejército; después vivió en la corte, y ahora se ha retirado a este descanso. Esta variedad de vidas le ha hecho mirar con indiferencia cualquiera especie de ellas, y aun con odio la mayor parte de todas. Siempre le he seguido, y siempre le seguiré, aun más allá de la sepultura, pues poco podré vivir después de su muerte. El mérito oculto en el mundo es despreciado, y si se manifiesta, atrae contra sí la envidia y sus secuaces. ¿Qué ha de hacer, pues, el hombre que lo tiene? Retirarse adonde pueda ser útil sin peligro propio. Llamo mérito al conjunto de un buen talento y un buen corazón. De éste usa mi amo en beneficio de sus dependientes.

Los labradores, a quienes arrienda sus campos, le miran como un ángel tutelar de sus casas. Jamás entra en ellas sino para llenarlas de beneficios, y los visita con frecuencia. Los años medianos les perdona parte del tributo, y el total en los malos. No se sabe lo que son pleitos entre ellos. El padre amenaza al hijo malo con nombrar a su amo, y halaga al hijo bueno con su nombre. La mitad de su caudal la emplea en colocar las hijas huérfanas de estos contornos con mozos honrados y pobres de las mismas aldeas. Ha fundado una escuela en un lugar inmediato, y suele por su misma mano distribuir un premio cada sábado al niño que ha empleado mejor la semana. De lejanos países ha hecho traer instrumentos de agricultura y libros de su uso, que él mismo traduce de extrañas lenguas, repartiendo unos y otros de balde a los labradores. Todo forastero que pasa por este puesto halla en él la hospitalidad cual se ejercitaba en Roma en sus más felices tiempos. Una parte de su casa está destinada a recoger los enfermos de estas cercanías, en las cuales no se halla proporción de cuidarlos. Ni por esta tierra suele haber gente vaga; es tal su atractivo, que hace vasallos industriosos y útiles a los que hubieran sido inútiles, cuando menos, si hubieran seguido en un ocio acostumbrado. En fin, en los pocos años que vive aquí ha mudado este país de semblante. Su ejemplo, generosidad y discreción ha hecho, de un terreno áspero e inculto, una provincia deliciosa y feliz.

La educación de sus hijos ocupa mucha parte de su tiempo. Diez años tiene el uno y nueve el otro; los he visto nacer y criarse; cada vez que los oigo o veo, me encanta tanta virtud e ingenio en tan pocos años. Éstos sí que heredan de su padre un caudal superior a todos los bienes de fortuna. En éstos sí que se verifica ser la prole hermosa y virtuosa el primer premio de un matrimonio perfecto. ¿Qué no se puede esperar con el tiempo de unos niños que en tan tierna edad manifiestan una alegría inocente, un estudio voluntarioso, una inclinación a todo lo bueno, un respeto filial a sus padres y un porte benigno y decoroso para sus criados?

Mi ama, la digna esposa de mi señor, el honor de su sexo, es una mujer dotada de singulares prendas. Vamos claro, señor forastero: la mujer por sí sola es una criatura dócil y flexible. Por más que el desenfreno de los jóvenes se empeñe en pintarla como un dechado de flaquezas, yo veo lo contrario. Veo que es un fiel traslado del hombre con quien vive. Si una mujer joven, poderosa y con mérito halla en su marido una pasión de razón de estado, un trato desabrido y un mal concepto de su sexo en lo restante de los hombres, ¿qué mucho que proceda mal? Mi ama tiene pocos años, más que mediana hermosura, suma viveza y lo que llaman mucho mundo. Cuando se desposó con mi amo, halló en su esposo un hombre amable, juicioso, lleno de virtudes; halló un compañero, un amante, un maestro, todo en un solo hombre, igual a ella hasta en las accidentales circunstancias que llaman nacimiento; por todo había de ser y continuar siendo buena. No es tan mala la naturaleza que pueda resistirse a tanto ejemplo de bondad. No he olvidado, ni creo que jamás pueda olvidar, un lance en que acabó de acreditarse en un concepto de mujer singular o única. Pasaba por estos países parte del ejército que iba a Portugal. Mi amo hospedó en casa algunos señores a quienes había conocido en la corte. Uno de ellos se detuvo algún tiempo más para convalecerse de una enfermedad que le sobrevino. Gallarda presencia, conversación graciosa, nombre ilustrísimo, equipaje magnífico, desembarazo cortesano y edad propia a las empresas amorosas, le dieron algunas alas para tocar un día delante de mi ama especies, al parecer, poco ajustadas al decoro que siempre ha reinado en esta casa. ¡Cuán discreta anduvo mi señora! El joven se avergonzó de su misma confianza. Mi amo no pudo entender el asunto de que se trataba, y con todo esto la oí llorar en su cuarto y quejarse del desenfreno del joven.

Contándome otras cosas de este tenor de la vida de sus amos, me detuvo el buen criado toda la noche, y, por no molestar a mis huéspedes, me puse en viaje al amanecer, dejando dicho que a mi regreso para Madrid me detendría una semana en su casa.

¿Qué te parece de la vida de este hombre? ¿Es de las pocas que pueden ser apetecidas? Es la única que me parece envidiable.

CARTA LXX

Veo la relación que me haces de la vida del huésped que tuviste por la casualidad, tan común en España, de romperse un coche de camino. Conozco que ha congeniado contigo aquel carácter y retiro. La enumeración que me haces de las virtudes y prendas de aquella familia, sin duda han de tener mucha simpatía con tu buen corazón. El gustar de su semejante es calidad que días ha se ha descubierto propia de nuestra naturaleza, pero con más fuerza entre los buenos que entre los malvados; o, por mejor decir, sólo entre los buenos se halla esta simpatía, pues los malos se miran siempre unos a otros con notable recelo, y si se tratan con aparente intimidad, sus corazones están siempre tan separados como estrechados sus brazos y apretados sus manos; doctrina en que me confirma tu amigo Ben-Beley. Pero, Gazel, volviendo a tu huésped y otros de su carácter, que no faltan en las provincias, y de los cuales conozco no pequeño número, ¿no te parece lastimosa para el estado la pérdida de unos hombres de talento y mérito que se apartan de las carreras útiles a la república? ¿No crees que todo individuo está obligado a contribuir al bien de su patria con todo esmero? Apártense del bullicio los inútiles y decrépitos; son de más estorbo que servicio; pero tu huésped y sus semejantes están en la edad de servirla, y deben buscar las ocasiones de ello aun a costa de toda especie de disgustos. No basta ser buenos para sí y para otros pocos; es preciso serlo o procurar serlo para el total de la nación. Es verdad que no hay carrera en el estado que no esté sembrada de abrojos; pero no deben espantar al hombre que camina con firmeza y valor. La milicia estriba toda en una áspera subordinación poco menos rígida que la esclavitud que hubo entre los romanos; no ofrece sino trabajo de cuerpo a los bisoños, y de espíritu a los veteranos; no promete jamás premio que pueda así llamarse respecto de las penas con que amenaza continuamente. Heridas y pobreza forman la vejez del soldado que no muere en el polvo de algún campo de batalla o entre las tablas de un navío de guerra. Son además tenidos en su misma patria por ciudadanos despegados del gremio; no falta filósofo que los llame verdugos; y qué,

Gazel, ¿por eso no ha de haber soldados? ¿No han de
entrar en la milicia los mayores próceres de cada pueblo? No ha de mirarse esta carrera como la cuna de la
nobleza?

La toga es ejercicio no menos duro. Largos estudios,
áridos y desabridos, consumen la juventud del juez; a
éstos suceden un continuo afán y retiro de las diversiones, y luego, hasta morir, una obligación diaria de juzgar
vidas y haciendas ajenas, arreglado a una oscura letra
de dudoso sentido y de escrupulosa interpretación, ad-
quiriéndose continuamente la malevolencia de tantos como caen bajo la vara de la justicia; ¿y no ha de haber
por eso jueces?; ¿ni quien siga la carrera que tanto se
parece a la esencia divina en premiar al bueno y castigar
al malo? Lo mismo puede ofrecer para espantarnos la
vida de palacio, y aun mucho más mostrándonos la precisión de vivir con un perpetuo ardid, que muchas veces
no basta para mantenerse el palaciego. Mil acasos no
previstos deshacen los mayores esfuerzos de la prudencia humana. Edificios de muchos años se arruinan en
un instante; mas no por eso han de faltar hombres que
se dediquen a aquel método de vivir.

Las ciencias, que parecen influir dulzura y bondad,
y llenar de satisfacción a quien las cultiva, no ofrecen
sino pesares. ¡A cuánto se expone el que de ellas saca
razones para dar a los hombres algún desengaño, o
enseñarles alguna verdad nueva!; ¡cuántas pesadumbres
le acarrea!; ¡cuántas y cuán siniestras interpretaciones
suscitan la envidia o la ignorancia, o ambas juntas, o
la tiranía, valiéndose de ellas!; ¡cuánto pasa el sabio que
no supo lisonjear al vulgo! ¿Y por eso se han de dejar
las ciencias?; ¿y por el miedo a tales peligros han de
abandonar los hombres lo que tanto pule su racionalidad
y la distingue del instinto de los brutos?

El hombre que conoce la fuerza de los vínculos que
le ligan a la patria, desprecia todos los fantasmas producidos por una mal colocada filosofía, que le procura
espantar, y dice: Patria, voy a sacrificarte mi quietud,
mis bienes y vida. Corto sería este sacrificio si se redu-
jera a morir: voy a exponerme a los caprichos de la
fortuna y a los de los hombres, aun más caprichosos
que ella. Voy a sufrir el desprecio, la tiranía, el odio,
la envidia, la traición, la inconstancia y las infinitas y
crueles combinaciones que nacen del conjunto de muchas de ellas o de todas.

No me dilato más, aunque fuera muy fácil, sobre esta
materia. Creo que lo dicho baste para que formes de tu
huésped un concepto menos favorable. Conocerás que

aunque sea hombre bueno, será mal ciudadano; y que el ser buen ciudadano es una verdadera obligación de las que contrae el hombre al entrar en la república, si quiere que ésta le estime, y aun más si quiere que no le mire como a extraño. El patriotismo es de los entusiasmos más nobles que se han conocido para llevar el hombre a despreciar peligros y emprender cosas grandes; y para conservar los estados.

CARTA LXXI

DEL MISMO AL MISMO

A estas horas habrás ya leído mi última contra la quietud particular y a favor del entusiasmo; aunque sea molestar tu espíritu filosófico y retirado, he de continuar en ésta por donde dejé aquélla.

La conservación propia del individuo es tan opuesta al bien común de la sociedad, que una nación compuesta toda de filósofos no tardaría en ser esclavizada por otra. El noble entusiasmo del patriotismo es el que ha guardado los estrados, detenido las invasiones, asegurado las vidas y producido aquellos nombres que son el verdadero honor del género humano. De él han dimanado las acciones heroicas imposibles de entenderse por quien no esté poseído del mismo ardor, y fáciles de imitar por quien se halla dominado de él.

Aquí estaba roto el manuscrito, con lo que se priva al público de la continuación de un asunto tan plausible.

CARTA LXXII

DE GAZEL A BEN-BELEY

Hoy he asistido por mañana y tarde a una diversión propiamente nacional de los españoles; es lo que ellos llaman fiesta o corrida de toros. Ha sido este asunto de tanta especulación para mí, y tanto el tropel de ideas que me asaltaron a un tiempo, que no sé por cuál empezar a hacerte la relación de ellas. Nuño aumentaba más mi confusión sobre este particular asegurándome que no hay autor extranjero que hable de este espectáculo que no llame bárbara a la nación que aun se complace en asistir a él. Cuando esté mi mente más en su equilibrio, sin la agitación que ahora experimento, te escribiré largamente sobre este asunto; sólo te diré que ya no me parecen extrañas las mortandades que sus historias dicen de abuelos nuestros en las batallas de Clavijo, Salado, Navas y otras, si las ejecutaron hombres ajenos de todo lujo moderno, austeros en costumbres, y que pagan dinero por ver derramar sangre, teniendo esto por diversión dignísima de los primeros nobles. Esta especie de barbaridad los hacía sin duda feroces, pues desde niños se divertían con lo que suele causar desmayos a hombres de mucho valor la primera vez que asisten a este espectáculo.

CARTA LXXIII

DEL MISMO AL MISMO

Cada día admira más y más la serie de varones grandes que se leen en la genealogía de los reyes de la casa que actualmente ocupa el trono de España. El presente empezó su reinado perdonando las deudas que habían contraído provincias enteras por los años infelices, y pagando las que tenían sus antecesores para con sus vasallos. Con haber dejado las deudas en el estado en que las halló, sin cobrar ni pagar, cualquiera le hubiera tenido por equitativo, y todos hubieran alabado su benignidad; pues teniendo en su mano el arbitrio de ser juez y parte, parecería suficiente moderación la de no cobrar lo que podía; pero se condenó a sí mismo y absolvió a los otros, y dió por este medio un ejemplo de justificación más estimable que un código entero que hubiese publicado sobre la justicia y el modo de administrarla. Se olvidó de que era rey y sólo se acordó de que era padre.

Su hermano y predecesor, Fernando, en su reinado pacífico confirmó a su pueblo en la idea de que el nombre de Fernando habría de ser siempre de buen agüero para España.

Su otro hermano, Luis, duró poco, pero lo bastante para que se llorase su muerte.

Su padre, Felipe, fué héroe y fué rey, sin que sepa la posteridad en qué clase colocarle sin agraviar a la otra. Vivo retrato de su progenitor Enrique IV, tuvo al principio de su reinado una mano levantada para vencer y otra para aliviar a los vencidos. Su pueblo se dividió en dos, y él también dividió en dos su corazón para premiar a unos y perdonar a otros. Los pueblos que le siguieron fieles hallaron un padre que los halagaba, y los que se apartaron encontraron un maestro que los corregía. Tenían que admirarle los que no le amaban; y si los leales le hallaban bueno, los otros le hallaban grande. Como la naturaleza humana es tal que no puede tardar en querer al mismo a quien admira, murió reinando sobre todas las provincias pero sin haber logrado una paz estable que le hiciese gozar el fruto de sus fatigas.

Sus ascendientes reinaron en Francia. Léanse sus historias con reflexión, y se verá qué era la Francia de Enrique IV, y qué papel tan diferente ha hecho aquella monarquía desde que la mandan los descendientes de aquel gran príncipe.

CARTA LXXIV

DEL MISMO AL MISMO

Ayer me hallé con una concurencia en que se hablaba de España, de su estado, de su religión, de su gobierno, de lo que es, de lo que ha sido, de lo que pudiera ser, etc. Admiróme la elocuencia, la eficacia y el amor con que se hablaba, tanto más cuanto noté que excepto Nuño, que era el que menos se explicaba, ninguno de los concurrentes era español. Unos daban al público los hermosos efectos de sus especulaciones para que esta monarquía tuviese cien navíos de línea en poco más de seis meses; otros, para que la población de estas provincias se duplicase en menos de quince años; otros, para que todo el oro y plata de ambas Américas se queden en la península; otros, para que las fábricas de España desbancasen todas las de Europa; y así de lo demás.

Muchos apoyaban sus discursos en paridades sacadas de lo que sucede en otro país. Algunos pretendían que no les movía más objeto que el de hacer bien a esta nación, contemplándola con dolor atrasada en más de siglo y medio respecto de las otras, y no faltaban algunos que ostentaban su profunda ciencia en estas materias para demostrar con más evidencia la inutilidad de los genios, o ingenios españoles, y otros, en fin, por varios motivos.

Harto se hizo en tiempo de Felipe V, no obstante sus largas y sangrientas guerras, dijo uno. Tal quedó ello

en la muerte de Carlos II, dijo otro. Fué muy desidioso,
añadió un tercero, Felipe IV, y muy desgraciado su
ministro el Conde-duque de Olivares.

—¡Ay, caballeros! —dijo Nuño—; aunque todos ustedes tengan la mejor intención cuando hablan de reme-
diar los atrasos de España, aunque todos tengan el mayor
interés en trabajar a restablecerla, por más que la miren
con el amor de patria, digámoslo así, adoptiva, es imposible que acierten. Para curar a un enfermo no bastan
las noticias generales de la facultad, ni el buen deseo
del profesor; es preciso que éste tenga un conocimiento
particular del paciente, del origen de la enfermedad, de
sus incrementos y de sus complicaciones, si las hay.
Quieren curar toda especie de enfermos y de enfermedades con un mismo medicamento; no es medicina, sino
lo que llaman charlatanería, no sólo ridícula en quien
la profesa, sino dañosa para quien la usa.

En lugar de todas estas especulaciones y proyectos,
me parece mucho más sencillo otro sistema nacido del
conocimiento que ustedes no tienen, y se reduce a esto
poco. La monarquía española nunca fué más feliz por
dentro, ni tan respetada por fuera, como en la época de
la muerte de Fernando el Católico. Véase, pues, qué
máximas entre las que formaron juntas aquella excelente política, han decaído de su antiguo vigor; vuélvase
el vigor antiguo a dar y tendremos la monarquía en el
mismo pie en que la halló la casa de Austria. Cortas
variaciones respecto del sistema actual de Europa bastan en vez de todas estas que ustedes han amontonado.

—¿Quién fué ese Fernando el Católico? —preguntó
uno de los que habían perorado. —¿Quién fué ése? —
preguntó otro. —¿Quién, quién? —preguntaron todos los
demás estadistas.

—¡Ay, necio de mí! — exclamó Nuño, perdiendo algo
de su natural quietud—. ¡Necio de mí, que he gastado
tiempo en hablar de España con gentes que no saben
quién fué Fernando el Católico! Vámonos, Gazel.

CARTA LXXV

DEL MISMO AL MISMO

Al entrar anoche en mi posada me hallé con una carta
cuya copia te remito. Es de una cristiana a quien apenas
conozco. Te parecerá muy extraño su contenido, que dice
así:

Acabo de cumplir veinticuatro años, y de enterrar mi último esposo de seis que he tenido en otros tantos matrimonios en espacio de poquísimos años. El primero fué un mozo de poca más edad que la mía, bella presencia, buen mayorazgo, gran nacimiento, pero ninguna salud. Había vivido tanto en sus pocos años, que cuando llegó a mis brazos ya era cadáver. Aun estaban por estrenar muchas galas de mi boda, cuando tuve que ponerme luto. El segundo fué un viejo que había observado siempre el más rígido celibatismo; pero heredando por muertes y pleitos unos bienes copiosos y honoríficos, su abogado le aconsejó que se casase; su médico hubiera sido de otro dictamen. Murió de allí a poco, llamándome hija suya; y juro que como a tal me trató desde el primer día hasta el último. El tercero fué un capitán de granaderos, más hombre, al parecer, que todos los de su compañía. La boda se hizo por poderes desde Barcelona; pero picándose con un compañero suyo en la luneta de la ópera, se fueron a tomar el aire juntos a la explanada, y volvió sólo el compañero, quedando mi marido por allá. El cuarto fué un hombre ilustre y rico, robusto y joven; pero jugador tan de corazón, que ni aun la noche de la boda durmió conmigo porque la pasó en una partida de banca. Dióme esta primera noche tan mala idea de las otras, que le miré siempre como huésped en mi casa, más que como precisa mitad mía en el nuevo estado. Pagóme en la misma moneda, y murió de allí a poco de resultas de haberle tirado un amigo suyo un candelero a la cabeza sobre no sé qué equivocación de poner a la derecha una carta que había de caer a la izquierda. No obstante todo esto, fué el marido que más me ha divertido, a lo menos por su conversación, que era chistosa y siempre en estilo de juego. Me acuerdo que, estando un día comiendo con bastantes gentes en casa de una dama algo corta de vista, le pidió de un plato que tenía cerca, y él le dijo: Señora, a la talla anterior pudo cualquiera haber apuntado, que había bastante fondo; pero aquel caballero que come y calla acaba de hacer a este plato una doble paz de paroli con tanto acierto, que nos ha desbancado. Es un apunte temible a este juego.

El quinto que me llamó suya era de tan corto entendimiento, que nunca me habló sino de una prima que tenía y él quería mucho. La prima se murió de viruelas a pocos días de mi casamiento, y el primo se fué tras ella. Mi sexto y último marido fué un sabio. Estos hombres no suelen ser buenos muebles para maridos. Quiso mi mala suerte que en la noche de mi casamiento se apareciese un cometa, o especie de cometa. Si algún fenómenos de éstos ha sido jamás cosa de mal agüero, ninguno lo fué tanto como éste. Mi esposo calculó que el dormir con su mujer sería cosa periódica de cada veinticuatro horas, pero que si el cometa volvía, tardaría tanto en dar la vuelta que no lo podría observar; y así, dejó por esto aquello, y se salió al campo a hacer sus observaciones. La noche era fría, y lo bastante para darle un dolor de costado, del que murió.

Todo esto se hubiera remediado si yo me hubiera casado una vez a mi gusto, en lugar de sujetarlo seis veces al de un padre caprichoso que cree la voluntad de una hija una cosa que no debe entrar en cuenta para el casamiento. La persona que me pretendía es un mozo que me parece muy igual a mí en todas calidades, y que ha renovado sus instancias cada una de las cinco primeras veces que yo he enviudado; pero en obsequio de sus padres, poco reflexivos, tuvo que casarse también contra su gusto el mismo día que yo contraje matrimonio con mi astrónomo.

Estimaré al Sr. Gazel me diga qué uso o costumbre se sigue allá en su tierra en esto de casarse las hijas de familia, porque aunque he oído muchas cosas que espantan de lo poco favorables que nos son las leyes mahometanas, no hallo distinción alguna entre ser esclava de un marido o de un padre que hace mal uso de leyes en sí justas, y más cuando de ser esclava de un padre tal resulta el parar en tener marido como en el caso presente.

CARTA LXXVI

DEL MISMO AL MISMO

Son infinitos los caprichos de la moda. Uno de los actuales es escribirme cartas algunas mujeres que no me conocen sino de nombre o por oírme, o por hablarme, o por ambos casos. Se han puesto muchas en este pie desde que se divulgó la esquela que me escribió la primera y yo te remití. Lo mismo ejecutaré con las que me parezcan dignas de pasar el mar, para divertir a un sabio africano con extravagancias europeas; y sin perder correo, allá va esa copia. Depón por un rato, oh mi venerable Ben-Beley, el serio aspecto de tu edad y carácter. Te he oído mil veces que algún rato empleado en pasatiempo suele dejar el espíritu más deseando para dedicarse a sublimes especulaciones. Me acuerdo haberte visto cuidar de un pájaro en la jaula, y de una flor en el jardín; nunca me pareciste más sabio. El hombre grande nunca es mayor que cuando se baja al nivel de los demás hombres, sin que eso le quite el remontarse después adonde lo encumbre el rayo de la esencia suprema que nos anima. Dice, pues, así la carta:

«Señor Moro: Las francesas tienen cierto pasatiempo que llaman *coquetería*, y es engaño que hace la mujer a cuantos hombres se presentan. La coqueta lo pasa muy bien, porque tiene a su disposición todos los jóvenes de algún mérito, y se lisonjea mucho el ídolo del amor propio con tanto incienso. Pero como los franceses toman y dejan con bastante ligereza algunas cosas, y entre ellas las del amor, las consecuencias de mil coquetinas en perjuicio de un mozo se reducen a que el tal lo reflexione un minuto y se va con su incensario a otro altar. Los españoles son más formales en esto de enamorarse; y como ya todo aquel antiguo aparato de galanteo, obstáculos que vencer, dificultades que prevenir, criados que cohechar, como todo esto se ha desvanecido, empiezan a padecer desde el instante que se enamoran de una coqueta española y suele parar la cosa en que el amante que conoce la burla que le han hecho se muere, se vuelve loco, y, a mejor librar, piensa en ausentarse desesperado. Yo soy una de las más famosas en esta secta, y no puedo menos de acordarme con satisfacción propia de las víctimas que se han sacrificado en mi templo y por mí culto. Si en Marruecos nos dan algún día semejante despotismo (que será en el mismo instante que se anulen las austeras leyes de los serrallos) y si las señoras marruecas quisieran admitir unas cuantas españolas para catedráticas de esta nueva ciencia, hasta ahora desconocida en África, prometo en breve tiempo sacar entre mis lecciones y las de una media docena de amigas suficiente número de discípulas para que paguen los musulmanes a pocas semanas todas las tiranías que han ejercido sobre nosotras desde el mismo Mahoma hasta el día de la fecha, pues aumentando el dominio de mi sexo sobre el masculino en proporción del calor (como se ha experimentado en la corta distancia del paso de los Pirineos) deben esperar las coquetas marruecas un despotismo que apenas cabe en la imaginación humana; sobre todo en las provincias meridionales de este imperio.

CARTA LXXVII

DEL MISMO AL MISMO

Los trámites del nacimiento, aumento, decadencia, pérdida y resurrección del buen gusto en la trasmigración de las ciencias y artes dejan tal serie de efectos, que se ven en cada período de éstos los influjos del anterior. Pero cuando se hacen más notables es cuando después de la era del mal gusto, al tocar ya en la del bueno, se advierte con lástima en las ciencias positivas y artes serias, se echa de ver con risa en las facultades de puro adorno, como elocuencia y poesía.

Ambas decayeron a la mitad del siglo pasado en España, como todo lo restante de la monarquía. Intentan volver ambas a levantarse en el actual; pero no obstante el fomento dado a las ciencias, a pesar de la resurrección de los autores buenos españoles del siglo XVI, sin embargo de la traducción de los extranjeros modernos, aun después del establecimiento de las academias, y en medio de la mofa con que algunos españoles han ridiculizado la hinchazón y todos los vicios del mal lenguaje, se ven de cuando en cuando algunos efectos de la falsa retórica y poesía de la última mitad del siglo pasado. Algunos ingenios mueren todavía, digámoslo así, de la misma peste de que pocos escaparon entonces. Varios oradores y poetas de estos días parecen no ser sino sombra o almas de los que murieron cien años ha, y que han vuelto al mundo ya para seguir los discursos que dejaron pendientes cuando expiraron o para espantar a los vivos.

Nuño me decía lo mismo anoche, y añadió: Ésta es una verdad patente; pero con particularidad en los títulos de los libros, papeles y comedias. Aquí tengo una lista de títulos extraordinarios de obras que han salido al público con toda solemnidad de veinte años a esta parte, haciendo poco honor a nuestra literatura, aunque su contenido no deje de tener muchas cosas buenas, de lo que prescindo.

Sacó su cartera de que te he hablado tantas veces, y después de papelear, me dijo: —Toma y lee. —Tomé y leí, y decía de este modo: «Lista de algunos títulos de libros, papeles y comedias que me han dado golpe, publicados desde el año de 1757, cuando ya era creíble que se hubiese acabado toda hinchazón y pedantería.

1º *Los celos hacen estrellas, y el amor hace prodigios.*
Decía al margen, de letra de Nuño: «No entiendo la
primera parte de este título.»

2º *Médula eutropólica que enseña a jugar a las damas*
con espada y broquel, añadida y aumentada, y la nota
marginal decía: «Estábamos todos en que el juego de las
damas, así como el del ajedrez, eran juegos de mucha
cachaza, excelentes para una aldea tranquila, propios
de un capitán de caballos que está dando verde a su
compañía, con el boticario o fiel de fechos de su lugar,
mientras dan las doce para ir a comer el puchero; pero
el autor medular eutropólico nos da una idea tan honrosa de este pasatiempo, que me alegro mucho no ser
aficionado a tal juego; porque esto de ir un hombre
armado con espada y broquel cuando sólo creí que se
trataba de un poco de diversión mansueta, sosegada y
flemática, es chasco temible.»

3º *Arte de bien hablar, freno de lenguas, modelo de*
hacer personas, entretenimiento útil, y camino para vivir
en paz. Al margen se leían los siguientes renglones:
«Éste es mucho título, y lo de hacer personas es mucha
obra.»

4º *Nueva mágica experimental y permitida. Ramillete*
de selectas flores, así aritméticas como físicas, astronó-
micas, astrológicas, graciosos juegos, repartidos en un
manual Kalendario para el presente año de 1761. Sin
duda enfadó mucho este título a mi amigo Nuño, pues
al margen había puesto de malísima letra, como tem-
blándole el pulso de cólera: «Si se lee este título dos
veces seguidas a cualquiera estatua de bronce, y no se
hace pedazos de risa o de rabia, digo que hay bronces
más duros que los mismos bronces.»

5º *Zumba de pronósticos y pronóstico de zumba.*
«Zumbando me quedan los oídos con el retruécano»,
decía la nota marginal.

6º *Manojito de diversas flores, cuya fragancia des-*
cifra los misterios de la Misa y Oficio Divino, da esfuerzo
a los moribundos y ahuyenta a las tempestades.

7º *Eternidad de diversas eternidades.*

8º *Arco iris de paz, cuya cuerda es la consideración*
y meditación para rezar el santísimo Rosario de Nuestra
Señora. Su aljaba ocupan 160 consideraciones, que tira
el amor divino a todas sus almas.

9º *Sacratísimo antídoto el nombre inefable de Dios*
contra el abuso de agur. Al margen de este título y los
tres antecedentes había: «Siento mucho que para hablar
de los asuntos sagrados de una religin verdaderamente
divina, y por consiguiente digna de que se trate con la

más profunda circunspección, se usen expresiones tan
extravagantes y metáforas tan ridículas. Si semejantes
locuciones fueran sobre materias menos respetables, se
pudiera hacer buena mofa de ellas.»

10º *Historia de lo futuro. Prolegómeno a toda la
historia de lo futuro, en que se declara el fin y se
prueban los fundamentos de ella, traducida del portugués.* Y la nota decía: «Alabo la diligencia del traductor.
Como si no tuviésemos bastante copia de hinchazón,
pedantería y delirio, sembrada, cultivada, cogida y al-
macenada de nuestra propia cosecha, el buen traductor
quiere introducirnos los productos de la misma especie
de los extranjeros, por si nos viene algún año malo de
este fruto.»

11º *Antorchas para solteros, de chispas para casados.*
Y al margen había puesto mi amigo: «Este título es más
que todos los anteriores juntos. No hay hombre en España que lo entienda, como no lea la obra; y no es
obra que convide a los lectores por el título.»

12º *Ingeniosa y literal competencia entre musa, rey
de los nombres, y amo, rey de los verbos, a la que dió
fin una campal y sangrienta batalla, que se dieron los
vasallos de uno y otro monarca; compuesta en forma de
coloquio.* La nota marginal decía: «Por honor literario
de mi patria sentiré muy mucho que pase los Pirineos
semejante título, aunque para mi uso particular no puedo menos de aplaudirlo, pues cada vez que lo leo me
quita dos o tres grados de mi natural hipocondría. Si
todos estos títulos fuesen de obras jocosas o satíricas
pudiera tolerarse aunque no tanto; pero es insufrible
este estilo cuando los asuntos de las obras son serios, y
mucho más cuando son sagrados. Es harto senible que
aun permanezca semejante abuso en nuestro siglo en
España cuando ya se ha desterrado de todo lo restante
del mundo, y más cuando en España misma se ha hecho
por varios autores tan repetida y graciosa crítica de
ello, más severa que en parte alguna de Europa, respecto
de que el genio español, en las materias de entendimiento, es como la gruesa artillería, que es difícil de
transportarse y manejarse a mudar de dirección, pero
mudada una vez hace más efecto dondequiera que la
apuntan.»

CARTA LXXVIII

¿Sabes tú lo que es un verdadero sabio escolástico? No digo de aquellos que siguiendo por carrera o razón de estado el método común se instruyen plenamente a sus solas de las verdaderas ciencias positivas, estudian a Newton en su cuarto, y explican a Aristóteles en su cátedra, de los cuales hay muchos en España, sino de los que creen en su fuero interno que es desatino físico y ateísmo puro todo lo que ellos mismos no enseñan a sus discípulos y no aprendieron de sus maestros. Pues mira, hazte cuenta que vas a oírle hablar. Figúrate antes que ves un hombre muy seco, muy alto, muy lleno de tabaco, muy cargado de anteojos, muy incapaz de bajar la cabeza ni saludar a alma viviente, y muy adornado de otros requisitos semejantes. Ésta es la pintura que Nuño me hizo de ellos, y que yo verifiqué ser muy conforme al original cuando anduve por sus universidades. Te dirán, pues, de este modo, si les vas insinuando alguna afición tuya por otras ciencias que las que él sabe.

Para nada se necesitan dos años, ni uno siquiera de retórica. Con saber unas cuantas docenas de voces largas de catorce o quince sílabas cada una, y repetirlas con frecuencia y estrépito, se compone una oración o bien fúnebre, o bien gratulatoria. Si le dices que las ventajas de la buena oratoria, su uso, sus reglas, los ejemplos de Solís, Mendoza, Mariana y otros, se echará a reír y te volverá la espalda.

La poesía es un pasatiempo frívolo. ¿Quién no sabe hacer una décima o glosar una cuarteta de repente a una dama, a un viejo, contra un médico o una vieja, en memoria de tal santo o en reverencia de tal Misterio?

Si le dices que esto no es poesía, que la poesía es una cosa inexplicable, y que sólo se aprende y se conoce leyendo los poetas griegos y latinos y tal cual moderno; que la religión misma usa de la poesía en las alabanzas al Criador; que la buena poesía es la piedra de toque del buen gusto de una nación o siglo; que despreciando las expresiones ridículas de equivoquistas, truhanes y bufones, las poesías heroicas y satíricas son las obras tal vez más útiles a la república literaria, pues sirven para perpetuar la memoria de los héroes, y corregir las costumbres de nuestros contemporáneos, no hace caso de ti.

La física moderna es un juego de títeres. He visto esas que llaman máquinas de física experimental, agua que sube, fuego que baja, hilos, alambres, cartones, puro juguete para niños. Si le instas que a lo que él llama juego de títeres deben todas las naciones los adelantos en la vida civil, y aun de la vida física, pues estarían algunas provincias debajo del agua sin el uso de los diques y máquinas construídas por buenos principios de la tal ciencia. Si le dices que no hay arte mecánica que no necesite de dicha física para subsistir y adelantar; si le dices, en fin, que en todo el universo culto se hace mucho caso de esta ciencia y sus profesores, te llamará hereje.

Pobre de ti si le hablas de matemáticas. Embuste y pasatiempo, te dirá él, muy grave. Aquí tuvimos a Don Diego de Torres, repetirá con mucha solemnidad, y nunca estimamos su facultad, aunque mucho su persona por las sales y conceptos de sus obras. Si le dices, yo no sé nada sobre Don Diego de Torres, sobre si fué o no gran matemático; pero las matemáticas son y han sido siempre tenidas por un conjunto de conocimientos que forman la única ciencia, que así puede llamarse entre los hombres. Decir si ha de llover por marzo, ha de hacer frío por diciembre, si han de morir algunas personas en este año, y nacer otras en el que viene, decir que tal planeta tiene tal influjo, que el comer melones ha de dar tercianas, que el nacer en tal día, a tal hora, significa tal o tal serie de acontecimientos, es sin duda un despreciable delirio, y si vmds. han llamado esto matemática, y si creen que la matemática no es otra cosa diversa, no lo digan donde lo oigan gentes. La física, la navegación, la construcción de navíos, la fortificación de plazas, la arquitectura civil, los acampamentos de los ejércitos, la fundición, manejo y suceso de la artillería, la formación de los caminos, el adelantamiento de todas las artes mecánicas, y otras partes más sublimes, son ramos de esa facultad, y vean vmds. si estos ramos son útiles en la vida humana.

La medicina que basta, dirá el mismo, es lo extractado de Galeno e Hipócrates, aforismos racionales, ayudados de buenos silogismos, bastan para constituir un médico. Si le dices, que sin despreciar el mérito de aquellos dos sabios, los modernos han adelantado en esta facultad por el mayor conocimiento de la anatomía y botánica que no tuvieron en tanto grado los antiguos, a más de muchos medicamentos, como la quina y mercurio, que no se usó hasta ahora poco, también se reirá de ti.

Así de las demás facultades. Pues, ¿cómo hemos de

vivir con estas gentes?, preguntará cualquiera. —Muy fácilmente — responde Nuño —. Dejémoslos gritar continuamente sobre la famosa cuestión que propone un satírico moderno, *utrum chimera, bombilians in vacuo, possit comedere secundas intentiones*; trabajemos nosotros en las ciencias positivas para que no nos llamen bárbaros los extranjeros; haga nuestra juventud los progresos que pueda; procure dar obras al público sobre materias útiles; deje morir a los viejos como han vivido, y cuando los que ahora son mozos lleguen a edad madura, podrán enseñar públicamente lo que ahora aprenden ocultos. Dentro de veinte años se ha de haber mudado todo el sistema científico de España insensiblemente, sin estrépito, y entonces verán las academias extranjeras si tienen motivo para tratarnos con desprecio. Si nuestros sabios tardan algún tiempo en igualarse con los suyos, tendrán la excusa de decirles: —Señores, cuando éramos jóvenes tuvimos unos maestros que nos decían: *Hijos míos, vamos a enseñaros todo cuanto hay que saber en el mundo; cuidado no toméis otras lecciones, porque de ellas no aprenderéis sino cosas frívolas, inútiles, despreciables y tal vez dañosas.* Nosotros no teníamos gana de gastar el tiempo sino en lo que nos pudiera dar conocimientos útiles y seguros; con que nos aplicamos a lo que oíamos. Poco a poco fuimos oyendo otras voces y leyendo otros libros, que si nos espantaron al principio, después nos gustaron. Los empezamos a leer con aplicación, y como vimos que en ellos se contenían mil verdades en nada opuestas a la religión ni a la patria, pero sí a la desidia y preocupación, fuimos dando varios usos a unos y a otros cartapacios y libros escolásticos, hasta que no nos quedó uno. De esto ya ha pasado algún tiempo, y en él nos hemos igualado con vmds., aunque nos llevan siglo y cerca de medio de delantera. Cuéntese por nada lo dicho, y pongamos la fecha desde hoy, suponiendo que la península se hundió a mediados del siglo XVII y ha vuelto a salir de la mar a últimos del XVIII.

CARTA LXXIX

DEL MISMO AL MISMO

Dicen los jóvenes: esta pesadez de los viejos es insufrible. Dicen los viejos: este desenfreno de los jóvenes es inaguantable. Unos y otros tienen razón, dice Nuño; la demasiada prudencia de los ancianos hace imposibles las cosas más fáciles, y el sobrado ardor de los mozos finge fáciles las cosas imposibles. En este caso no debe interesarse el prudente, añade Nuño, ni por uno ni por otro bando, sino dejar a los unos con su cólera y a los otros con su flema. Tomar el medio justo y burlarse de ambos extremos.

CARTA LXXX

DEL MISMO AL MISMO

Pocos días ha presencié una exquisita chanza que dieron a Nuño varios amigos suyos extranjeros, pero no de aquellos que para desdoro de sus respectivas patrias andan vagando el mundo, llenos de vicios de todos los países que han corrido por Europa, y traen el conjunto de todo lo malo a este rincón de ella, sino de los que procuran imitar y estimar lo bueno de todas partes, y que, por tanto, deben ser admitidos muy bien en cualquiera. De éstos trata Nuño algunos de los que residen en Madrid, y los quiere como paisanos suyos, pues tales le parecen todos los hombres de bien del mundo, siendo para con ellos un verdadero cosmopolita, o sea ciudadano universal. Zumbábanle, pues, sobre la facilidad con que los españoles de cualquiera condición y clase toman el tratamiento de *Don*. Como el asunto es digno de crítica y los concursantes eran personas de talento y buen humor, se les ofreció una infinidad de ideas y de expresiones a cual más chistosas, sin el empeño enfático de las disputaas de escuela, sino con el donaire de las conversaciones de corte.

Un caballero flamenco, que se halla en Madrid siguiendo no sé qué pleito, dimanado de cierta conexión de familia con otra de este país y tronco de aquélla, le decía lo absurdo que le parecía este abuso, y lo amplificaba, añadía y repetía: —*Don es el amo de una casa; Don*, cada uno de sus hijos; *Don*, el *Dómine* que enseña gramática al mayor; *Don*, el que enseña a leer al chico; *Don*, el mayordomo; *Don*, el ayuda de cámara; *Doña*, el ama de llaves; *Doña*, la lavandera. Amigos, vamos claros, son más *Dones* los de cualquiera casa, que los del Espíritu Santo.

Un oficial reformado francés, ayudante de campo del marqués de Lede, hombre sumamente amable, que ha llegado a formar un excelente medio entre la gravedad española y la ligereza francesa, tomó la mano y dijo mil cosas chistosas sobre el mismo abuso.

A éste siguió un italiano, de familia muy ilustre, que había venido viajando por su gusto, y se detenía en España, aficionado de la lengua castellana, haciendo una colección de los autores españoles, criticando con tanto rigor a los malos como aplaudiendo con desinterés a los buenos.

A todo callaba Nuño; y su silencio aun me daba más curiosidad que la crítica de los otros; pero él no les interrumpió mientras tuvieron qué decir y aun repetir lo dicho, ni aun mudaba de semblante. Al contrario, parecía aprobar con su dictamen el de sus amigos con la cabeza, que movía de arriba abajo, con las cejas que arqueaba, con los hombros que encogía algunas veces, y con la alternativa de poner de cuando en cuando ya el muslo derecho sobre la rodilla izquierda, significaba, a mi ver, que no tenía qué decir en contra; hasta que cansados ya de hablar todos los concurrentes, les dijo, poco más o menos:

—No hay duda que es extravagante el número de los que usurpan el tratamiento de Don; abuso general en estos años, introducido en el siglo pasado y prohibido expresamente en los anteriores. *Don* significa *señor*, como que es derivado de la voz latina *Dominus*. Sin pasar a los godos, y sin fijar la vista en más objeto que en los posteriores a la invasión de los moros, vemos que solamente a los soberanos, y aun no todos, ponían Don antes de su nombre. Los duques y grandes señores lo tomaron después con condescendencia de los reyes; después quedó en todos aquellos en quienes parece bien, a saber: en todo señor de vasallos. Siguióse esta práctica con tanto rigor, que un hijo segundo del mayor señor, no siéndolo él mismo, no se ponía tal distintivo. Ni los empleos honoríficos de la Iglesia, toga y ejército daban semejante adorno, aun cuando recaían en las personas de las más ilustres cunas. Se firmaban con todos sus títulos, por grandes que fueran; se les escribían con todos sus apellidos, aunque fuesen los primeros de la monarquía, como Cerdas, Guzmanes, Pimenteles, sin poner el *Don*; pero no se olvidaba al caballero particular más pobre, como tuviese efectivamente algún señorío, por pequeño que fuese. En cuantos monumentos, y no muy antiguos, leemos inscripciones de este o semejante tenor: *Aquí yace Juan Fernández de Córdova, Pimentel, Hurtado de Mendoza, y Pacheco, Comendador de Mayorga en la Orden de Alcántara, Maestre de Campo del tercio viejo de Salamanca*; nació, etc., etc. *Aquí yace el licenciado Diego de Girón y Velasco, del Consejo de S. M. en el Supremo de Castilla, Embajador que fué en* la *Corte del Santo Padre*, etc., etc.; pero ninguno de éstos ponía el *Don*, aunque le sobrasen tantos títulos sobre qué recaer. Después pareció conveniente tolerar que las personas condecoradas con empleos de consideración en el Estado se llamasen así; y esto que pareció justo, demostró cuánto más lo era el rigor antiguo, pues en pocos años ya se propagó la donemanía (perdonen vmds. la voz nueva), de modo que en nuestro siglo todo el que no lleva librea se llama Don Fulano; cosa que no consiguieron *in illo tempore* ni Hernán Cortés, ni Sancho Dávila, ni Antonio de Leiva, ni Simón Abril, ni Francisco Sánchez, ni los otros varones insignes en armas y letras.

Mas es, que la multiplicidad del *Don* lo ha hecho despreciable entre la gente de primorosa educación. Llamarle a uno Don Juan, Don Pedro o Don Diego, a secas, es tratarle de criado; es preciso llamarle *Señor Don*, que quiere decir dos veces Don. Si el *Señor Don* llega a multiplicarse en el siglo que viene como el *Don* en el nuestro, ya no bastará el *Señor Don* para llamar a un hombre de forma sin agraviarle, y será preciso decir *Don Señor Don*, y teniéndose igual inconveniente en lo futuro, irá creciendo el número de los *Dones* y *Señores* en el de los siglos, de modo que dentro de algunos se pondrán las gentes en el pie de no llamarse las unas a las otras por el tiempo que se ha de perder miserablemente en repetir *Señor Don* tantas y tan inútiles veces.

Las gentes de corte, que sin duda son las que menos tiempo tienen que perder, ya han conocido este daño, y para ponerle competente remedio, y tratar a uno con alguna familiaridad, le llaman por el apellido a secas; y si no se hallan todavía en este pie, le añaden el *Señor* a su apellido sin el nombre de bautismo. Pero aun de aquí nace otro embarazo: si nos hallamos en una sala muchos hermanos, o primos, o parientes del mismo apellido, ¿cómo nos han de distinguir sino por las letras del abecedario, como los matemáticos distinguen las partes de sus figuras, o por números, como los ingleses sus regimientos de infantería?

A esto añadió Nuño otras mil reflexiones chistosas, y acabó levantándose con los demás para dar un paseo, diciendo: —Señores, ¿qué le hemos de hacer? Esto prueba lo que mucho tiempo ha se ha demostrado, a saber: que los hombres corrompen todo lo bueno. Yo lo confieso en este particular, y digo lisa y llanamente, que hay tantos dones superfluos en España, como marqueses en Francia, barones en Alemania y príncipes en Italia;

esto es, que en todas partes hay hombres que toman posesión de lo que no es suyo, y lo ostentan con más pompa que aquellos a quienes toca legítimamente; y si en francés hay un adagio, que dice aludiendo a esto mismo, *Baron Allemand, Marquis Français et Prince d' Italie mauvaise compagnie*; así también ha pasado a proverbio castellano el dicho de Quevedo:

> Don Turuleque me llaman;
> pero pienso que es adrede,
> porque no sienta muy bien
> el Don con el Turuleque.

CARTA LXXXI

DEL MISMO AL MISMO

No es fácil saber cómo ha de portarse un hombre para hacerse un mediano lugar en el mundo. Si uno aparenta talento o instrucción, se adquiere el odio de las gentes, porque le tienen por soberbio, osado y capaz de cosas grandes. Si, al contrario, uno es humilde y comedido, le desprecian por inútil y necio. Si uno ven que uno es algo cauto, prudente y detenido, le tienen por vengativo y traidor. Si uno es sincero, humano y fácil de reconciliarse con el que le ha agraviado, le llaman cobarde y pusilánime; si procura elevarse, ambicioso; si se contenta con la medianía, desidioso; si sigue la corriente del mundo, adquiere nota de adulador; si se opone a los delirios de los hombres, sienta plaza de extravagante. Estas consideraciones, pesadas con madurez y confirmadas con tantos ejemplos como abundan, le dan al hombre gana de retirarse a lo más desierto de nuestra África, huir de sus semejantes, y escoger la morada de los desiertos y montes, entre fieras y brutos.

CARTA LXXXII

DEL MISMO AL MISMO

Yo me guardaré de creer que haya habido siglo en que los hombres hayan sido crueles. Las extravagancias humanas son tan antiguas como ridículas; y cada era ha tenido su locura favorita. Pero así como el que entre en un hospital de locos se admira del que ve en cada jaula hasta que pasa a otra en que halla otro loco más frenético, así el siglo que ahora vemos merece la primacía hasta que venga otro que lo supere. El inmediato será, sin duda, el superior; pero aprovechemos los pocos años que quedan de éste para divertirnos, por si no llegamos a entrar en el siguiente; y vamos claros; son muy exquisitos sus delirios, singularmente el haber llegado a dar por falsos unos cuantos axiomas o proposiciones que se tenían por principios sentados e indubitables.

—Yo tengo —dijo Nuño— dos amigos que a fuerza de estudiar las costumbres actuales y blasfemar de las antiguas, y a fuerza de querer sacar la quinta esencia del modernismo, han llegado a perder la cabeza, como puede acontecer a los que se empeñan mucho en el hallazgo de la piedra filosofal; pero lo más singular de su desgracia es la manía que han tomado, a saber: examinarse el uno al otro sobre ciertas máximas que tienen por indubitables. Para esto le hace hacer ciertas protestaciones de su manía, que todas estriban sobre las máximas comunes de nuestros infatuados hombres de moda. Visitándolos muchas veces, por si puedo contribuir a su restablecimiento, he llegado a aprender de memoria varios de sus artículos, a más de que he encargado al criado que les asiste de que apunte todo lo que oiga gracioso en este particular, y todas las mañanas me presente la lista. Óyelo por preguntas y respuestas, según suelen repetirlas.

Pregunta. ¿Tenéis por cierto que se pueda ser un excelente soldado sin haber visto más fuego que el de una chimenea; y que sólo baste llevar la vuelta de la manga muy estrecha, hablar mal de cuantos generales no dan buena mesa, decir que desde Felipe II acá no han hecho nada nuestros ejércitos, asegurar que de veinte años de edad se pueden mandar cien mil hombres, mejor que con cuarenta años de experiencia, quince funciones generales, cuatro heridas y conocimientos del arte?

Respuesta. Sí tengo.

Pregunta. ¿Tenéis por cierto que se pueda ser un famoso sabio, sin haber leído dos minutos al día, sin tener un libro, sin haber tenido maestros, sin ser bastante humilde para preguntar, y sin tener más talento que para bailar un minuet?

Respuesta. Sí tengo.

Pregunta. ¿Tenéis por cierto que para ser buen patriota, baste hablar mal de la patria, hacer burla de nuestros abuelos y escuchar con resignación a nuestros peluqueros, maestros de baile, operistas y cocineros sátiras despreciables contra la nación; hacer como que habéis olvidado vuestra lengua paterna, hablar ridículamente mal varios trozos de las extranjeras, y hacer ascos de todo lo que pasa y ha pasado desde los principios por acá?

Respuesta. Sí tengo.

Pregunta. ¿Tenéis por cierto que para juzgar de un libro no necesita verlo, y basta verlo por el forro o algo del índice y prólogo?

Respuesta. Sí tengo.

Pregunta. ¿Tenéis por cierto que para mantener el cuerpo físico humano son indispensables cuatro horas de mesa con variedad de platos exquisitos y mal sanos, café que debilita los nervios, licores que privan la cabeza, y después un juego que arruina los bolsillos, contrayendo deudas vergonzosas para pagar?

Respuesta. Sí tengo.

Pregunta. ¿Tenéis por cierto que para ser ciudadano útil baste dormir doce horas, gastar tres en el teatro, seis en la mesa y tres en el juego?

Respuesta. Sí tengo.

Pregunta. ¿Tenéis por cierto que para ser buen padre de familia basta no ver meses enteros a vuestra mujer, sino a las ajenas, arruinar vuestros mayorazgos, entregar vuestros hijos a un maestro alquilado o a vuestros lacayos, cocheros y mozos de mulas?

Respuesta. Sí tengo.

Pregunta. ¿Tenéis por cierto que para ser hombre grande baste negaros al trato civil, arquear las cejas, tener grandes equipajes, grandes casas y grandes vicios?

Respuesta. Sí tengo.

Pregunta. ¿Tenéis por cierto que para contribuir de vuestra parte al adelantamiento de las ciencias, baste perseguir a los que las cultivan, y despreciar a los que quieren dedicarse a cultivarlas, y mirar a un filósofo, a un poeta, a un matemático, a un orador, como a un papagayo, a un mico, a un enano y a un bufón?

Respuesta. Sí tengo.

Pregunta. ¿Tenéis por cierto que todo hombre taciturno, especulativo y modesto en proferir su dictamen, merece desprecio y mofa, y hasta golpes y palos, si los aguantara, y que, al contrario, para ser digno de atención es menester hablar como una cotorra, dar vueltas como mariposa y hacer más gestos que un mico?

Respuesta. Sí tengo.

Pregunta. ¿Tenéis por cierto que la suma y final bienaventuranza del hombre consiste en tener un tiro de caballos frisones muy gordos o de potros cordobeses muy finos o de mulas manchegas muy altas?

Respuesta. Sí tengo.

Pregunta. ¿Tenéis por cierto que si el siglo que viene abre los ojos sobre las ridiculeces del actual, será vuestro nombre y el de vuestros semejantes el objeto de risa y mofa, y tal vez del odio y execración? Y no obstante esto, ¿vienes a prometer vivir en tales extravagancias?

Respuesta. Sí; tengo y prometo.

Y luego suele callar el preguntante, y el otro le hace otras tantas preguntas, añadió Nuño. Lo sensible es que no hagan todo un catecismo completo análogo a esta especie de símbolo de sus extravagancias. Muy curioso estoy de saber qué mandamientos pondrían, qué obras de misericordia, qué pecados, qué virtudes opuestas a ellos, qué oraciones. Los que han profesado esta religión, venerado sus misterios, asistido a sus ritos y procurado propagar su doctrina, suelen pasar alegremente los años agradables de su vida. El alto concepto en que se tienen a sí mismos; el sumo desprecio con que tratan a los otros; la admiración que les atrae el mundo femenino; su porte extravagante, y, en fin, la ninguna reflexión seria que pueda detener un punto su continuo movimiento, les dan sin duda una juventud muy gustosa; pero cuando van llegando a la edad madura y ven que van a caer en el mayor desaire, creo que se han de hallar en muy triste situación. Se desvanece todo aquel torbellino de superficialidades, y se hallan en otra esfera. Los hombres serios, formales e importantes no los admiten, porque nunca los han tratado; las mujeres los desconocen ya, porque los ven despojados de todas las prendas que los hacían apreciables en el estrado, y se me figura cada uno de ellos como el murciélago, que ni es ratón ni pájaro.

¿En qué clase, pues, del Estado se ha de colocar uno de éstos cuando llega a la edad menos ligera y deliciosa? ¡Cuán amargos instantes tendrá cuando se vea en la imposibilidad de ser ni hombre ni niño! Le darán envidia los hombres que van entrando en la edad que él ha pasado, y le extrañarán los hombres que se hallan con las canas que ya le asoman. Si hubiese contraído la naturaleza, al tiempo de producirle, alguna obligación de mantenerle siempre en la edad florida, moriría sin haber usado de su razón, embobado en los aparentes placeres y felicidades. Si conociendo lo corto de la juventud, hubiese mirado las cosas sólidas, se hallaría a cierto tiempo colocado en alguna clase de la república, más o menos feliz a la verdad, pero siempre con algún establecimiento. Cuando en el caso del petimetre éste no tiene que esperar más que mortificaciones y desaires desde el día que se le arrugó la cara, se le pobló la barba, se le embasteció el cuerpo y se le ahuecó la voz; esto es, desde el día que pudiera haber empezado a ser algo en el mundo.

CARTA LXXXIII

DEL MISMO AL MISMO

Si yo creyera en los delirios de la astrología judiciaria, no emplearía mi vida en cosa alguna con más gusto y curiosidad que en indagar el signo que preside al nacimiento de los hombres literatos en Europa. En todas partes es, sin duda, desgracia, y muy grande, la de nacer con un grado más de talento que el común de los mortales; pero en España, dice Nuño, ha sido hasta ahora uno de los mayores infortunios que puede contraer el hombre al nacer. A la verdad, prosigue mi amigo, si yo fuera casado, y mi mujer se hallara próxima a dar sucesión a mi casa, la diría con frecuencia: desea con mucha vehemencia tener un hijo tonto, verás qué vejez tan descansada y honorífica nos da. Heredará a todos sus abuelos y tíos, y tendrá robusta salud. Hará boda ventajosa y fortuna brillante. Será reverenciado en el pueblo y favorecido de los poderosos; y moriremos llenos de conveniencias. ¡Pero si el hijo que tienes en tus entrañas saliere con talento, cuánta pesadumbre ha de prepararnos! Me estremezco al pensarlo, y me guardaré muy bien de decírtelo por miedo de hacerte malparir de susto. Sea cual sea el fruto de nuestro matrimonio, yo te aseguro a fe de buen padre de familia, que no le he de enseñar a leer ni a escribir, ni ha de tratar con más gente que el lacayo de casa.

Dejemos la chanza de Nuño y volvamos, Ben-Beley, a lo dicho. Apenas ha producido esta península hombre superior a los otros, cuando han llovido sobre él miserias hasta ahogarle. Prescindo de aquéllos que por su soberbia se atraen la justa indignación del Gobierno, pues éstos en todos los países están expuestos a lo mismo. Hablando de las desgracias que han experimentado en España los sabios, inocentes de cosas que los hicieron merecedores de tales castigos, y que sólo se lo han adquirido en fuerza de la constelación que acabo de decirte, y que forma el objeto de mi presente especulación, cuando veo que Don Francisco de Quevedo, uno de los mayores talentos que Dios ha criado, habiendo nacido con buen patrimonio y comodidades, se vió reducido a una cárcel en que se le agangrenaron las llagas que le hacían los grillos, me da gana de quemar cuantos libros veo.

Cuando reflexiono que Fray Luis de León, no obstante su carácter en la religión, y en la universidad, estuvo muchos años en la mayor miseria de otra cárcel, algo más temible para los cristianos que el mismo patíbulo, me estremezco.

Es tan cierto este daño, tan seguras sus consecuencias y tan espantoso su aspecto, que el español que publica sus obras hoy las escribe con inmenso cuidado y tiembla cuando llega el tiempo de imprimirlas. Aunque le conste la bondad de su intención, la sinceridad de sus expresiones, la justificación del magistrado, la benevolencia del público, siempre debe recelarse de los influjos de la estrella, como el que navega cuando truena, aunque el navío sea de buena calidad, el mar poco peligroso, la tripulación robusta y el piloto práctico, siempre se teme que caiga un rayo y le abrase los palos, o las jarcias, y aun tal vez se comunique a la santabárbara, encienda la pólvora y lo vuele todo.

De aquí nace que muchos hombres, cuyas composiciones serían útiles a la patria, las ocultan; y los extranjeros, al ver que las obras que salen a luz en España, tienen a los españoles en un concepto que no se merecen. Pero aunque el juicio es falso, no es temerario, pues quedan escondidas las obras que merecían aplausos. Yo trato poca gente; pero aun entre mis conocidos me atrevo a asegurar que se pudieran sacar manuscritos muy preciosos sobre toda especie de erudición, que actualmente yacen como en el polvo del sepulcro, cuando apenas habían salido de la cuna. De otros puedo afirmar también que, por un pliego que han publicado, han guardado noventa y nueve.

CARTA LXXXIV

DE BEN-BELEY A GAZEL

No enseñes a tus amigos la carta que te escribí contra esa cosa que llaman fama póstuma. Aunque ésta sea una de las mayores locuras del hombre, es preciso dejarla reinar con otras muchas. Pretender reducir el género humano a sólo lo que es moralmente bueno, es pretender que todos los hombres sean filósofos, y esto es imposible. Después de escribirte meses ha sobre este asunto, he considerado que el tal deseo es una de las pocas cosas que pueden consolar al hombre de mérito desgraciado. Puede serle muy fuerte alivio el pensar que las generaciones futuras le harán la justicia que le niegan sus coetáneos, y soy de parecer que se han de dar cuantos gustos y consuelos pueda apetecer, aunque sean pueriles, como sean inocentes, al infeliz y cuitado animal llamado hombre.

CARTA LXXXV

DE BEN-BELEY A GAZEL EN RESPUESTA A LA ANTERIOR

Bien me guardaré de enseñar tu carta a algunas gentes. Me hace mucha fuerza la reflexión de que la esperanza de la fama póstuma es la única que puede mantener en pie a muchos que padecen la persecución de su siglo y apelan a los venideros; y que por consiguiente debe darse este consuelo, y cualquiera otro decente, aunque sea pueril, al hombre que vive en medio de tanto infortunio. Pero mi amigo Nuño dice que ya es demasiado el número de gentes que en España siguen el sistema de la indiferencia sobre esta especie de fama, o sea carácter del siglo, o espíritu verdadero de filosofía, o sea consecuencia de la religión, que mira como vanas, transitorias y frívolas las glorias del mundo, lo cierto es que en la realidad es excesivo el número de los que miran el último día de su vida, como el último de su existencia en este mundo.

Para confiarme en ello, me contó la vida que hacen muchos, incapaces de adquirir tal fama póstuma. No sólo hablo de la vida deliciosa de la corte y grandes ciudades, que son un lugar común de la crítica, sino de las villas y aldeas. El primer ejemplo que saca es el del huésped que tuve y tanto estimé en mi primer viaje por la península. A éste siguen otros varios muy parecidos a él, y suele concluir diciendo:

—Son muchos millares de hombres los que se levantan muy tarde, toman chocolate muy caliente, agua muy fría; se visten, salen a la plaza, ajustan un par de pollos, oyen misa, vuelven a la plaza, dan cuatro paseos, se informan en qué estado se hallan los chismes y hablillas del lugar, vuelven a casa, comen muy despacio, duermen la siesta, se levantan, dan un paseo en el campo, vuelven a casa, se refrescan, van a la tertulia, juegan a la malilla, vuelta a casa, rezan el rosario, cenan y se meten en la cama.

CARTA LXXXVI

DE BEN-BELEY A GAZEL

Pregunta a tu amigo Nuño su dictamen sobre un héroe famoso en su país por el auxilio que los españoles han creído deberle en la larga serie de batallas que tuvieron sus abuelos con los nuestros por la posesión de esa península. En sus historias veo que estando el Rey Don Ramiro con un puñado de vasallos suyos rodeado de un ejército innumerable de moros, y siendo su pérdida inevitable, se le apareció el tal héroe, llamado Santiago, y le dijo que al amanecer del día siguiente, sin cuidar del número de sus soldados ni del de sus enemigos, se arrojase sobre ellos, confiado en la protección que él le traía del cielo. Añaden los historiadores que así lo hizo Don Ramiro, y ganó una batalla tan gloriosa como hubiera sido temeraria si se hubiese graduado la esperanza por las fuerzas. Los que han escrito los anales de España refieren esto mismo. Dime qué hay en ello.

CARTA LXXXVII

DE BEN-BELEY A GAZEL EN RESPUESTA DE LA ANTERIOR

He cumplido con tu encargo. He comunicado a Nuño tu reparo sobre el punto de su historia que menos nos puede gustar, si es verdadera, y más nos haga reír si es falsa; y aun he añadido algunas reflexiones de mi propia imaginación. Si el cielo, le he dicho yo, quería levantar tu patria del yugo africano, ¿había menester las fuerzas humanas, la presencia efectiva de Santiago, y mucho menos la de su caballo blanco, para derrotar al ejército moro? El que ha hecho todo de la nada, con solas palabras y con sólo su querer, ¿necesitó acaso de una cosa tan material como la espada? ¿Creéis que los que están gozando del eterno bien bajen a dar cuchilladas y estocadas a los hombres de este mundo? ¿No te parece idea más ajustada a lo que créemos de la esencia divina el pensar: Dios dijo: «Huyan los moros», y los moros huyeron?

Esta conversación entre un moro africano y un cristiano español es odiosa; pero entre dos hombres racionales de cualquier país o religión puede muy bien tratarse sin entibiar la amistad.

A esto me suele responder Nuño con la dulzura natural que le acompaña y la imparcialidad que hace tan apreciables sus controversias:

De padres a hijos nos ha venido la noticia de que Santiago se apareció a Don Ramiro en la memorable batalla de Clavijo, y que su presencia dió a los cristianos la victoria sobre los moros. Aunque esta época de nuestra historia no sea un artículo de fe, ni demostración de geometría, y que por tanto pueda cualquiera negarlo sin merecer el nombre de impío ni el de irracional, parece, no obstante, que tradición tan antigua se ha consagrado en España por la piedad de nuestro carácter español, que nos lleva a atribuir al cielo las ventajas que han ganado nuestros brazos, siempre que éstas nos parecen extraordinarias, lo cual contradice la vanidad y orgullo que nos atribuyen los extraños. Esta humildad misma ha causado los más gloriosos triunfos que ha tenido nación alguna del orbe. Los dos mayores hombres que ha producido esta península experimentaron en lances de la mayor entidad la importancia de esta piedad en el vulgo de España. Cortés en América, y Cisneros en África, vieron a sus soldados obrar portentos de un valor verdaderamente más que humano, porque sus ejércitos vieron o creyeron ver la misma aparición. No hay disciplina militar, ni armas, ni ardides, ni método que infunda al soldado fuerzas tan invencibles y de efecto tan conocido como la idea de que los acompaña un esfuerzo sobrenatural y los guía un caudillo bajado del cielo; de cuya verdad quedamos tan persuadidas las generaciones inmediatas, que duró mucho tiempo en los ejércitos españoles la costumbre de invocar a Santiago al tiempo del ataque. La disciplina más capaz de hacer superior un ejército sobre otro, se puede copiar fácilmente por cualquiera; la mayor destreza en el manejo de las armas y la más científica construcción de ellas pueden imitarse. El mayor número de auxiliares aliados y mercenarios se pueden lograr con dinero. Con el mismo medio se logran las espías y se corrompen los confidentes. En fin, ninguna nación guerrera puede tener la menor ventaja en una campaña que no se le igualen los enemigos en la siguiente; pero la creencia de que baja un campeón celeste a auxiliar a una tropa, la llena de un vigor inimitable. Mira, Gazel, los que pretenden disuadir al pueblo de muchas cosas que cree buenamente, de cuya creencia resultan efectos útiles al estado, no se hacen cargo de lo que sucedería si el vulgo se metiese a filósofo y quisiera indagar la razón de cada establecimiento. El pensarlo me estremece, y es uno de los motivos que me irritan contra la secta hoy reinante que quiere revocar en duda cuanto hasta ahora se ha tenido por más evidente que una demostración de Geometría. De los abusos pasan a los usos; de lo accidental, a lo esencial. No sólo niegan y desprecian aquellos artículos que pueden absolutamente negarse sin faltar a la religión, sino que pretenden ridiculizar hasta los cimientos de la misma religión, la tradición y la revelación. La tradición y la revelación son, en dictamen de éstos, unas meras máquinas que el Gobierno pone en uso según parece conveniente. Conceden que un ser soberano inexplicable nos ha producido, pero niegan que su cuidado trascienda del mero hecho de criarnos; dicen que muertos estaremos donde, y como estábamos antes de nacer, y otras mil cosas dimanadas de éstas. Pero yo les digo: aunque supongamos por un minuto que todo lo que decís fuese cierto, ¿os parece conveniente publicarlo y que todos los sepan? La libertad que pretendéis gozar, no sólo vosotros mismos, sino esparcir por todo el orbe, ¿no sería modo más corto de hundir al mundo en un caos moral espantoso, en que se aniquilasen todo el gobierno, economía y sociedad? Figuraos que todos los hombres persuadidos por vuestros discursos no esperan ni temen estado alguno futuro, después de esta vida; ¿en qué creéis que la emplearán? En todo género de delitos, por atroces y perjudiciales que sean.

Aun cuando vuestro sistema arbitrario, y vacío de todo fundamento de razón, o de autoridad, fuese evidente, con todo el rigor geométrico debiera guardarse oculto entre pocos individuos de cada república. Éste debiera ser un secreto de estado, guardado misteriosamente entre muy pocos, con la condición de severo castigo a quien lo violase.

A la verdad, amigo Ben-Beley, esta razón última de Nuño me parece sin réplica. O lo que los libertinos se han esmerado en predicar y extender es verdadero o es falso. Si es falso, como yo lo creo, son reprensibles por querer contradecir a la creencia de tantos siglos y pueblos. Y si es verdadero este descubrimiento, es al

mismo tiempo más importante que el de la piedra filosofal, y más peligroso que el de la magia negra y, por
consiguiente, no debe llegar a oídos del vulgo.

CARTA LXXXVIII

DE BEN-BELEY A GAZEL

Veo y apruebo lo que me dices sobre los varios trámites por donde pasan las naciones desde su formación
hasta su ruina total. Si cabe algún remedio para evitar
la encadenación de cosas que han de suceder a los
hombres y a sus comunidades, no creo que lo haya para
prevenir los daños de la época del lujo. Éste tiene demasiado atractivo para dar lugar a otra cualquiera persuasión; y así, los que nacen en semejantes eras, se
cansan en balde si pretenden contrarrestar la fuerza
de tan furioso torrente. Un pueblo acostumbrado a de-
licadas mesas, blandos lechos, ropas finas, modales afe-
minados, conversaciones amorosas, pasatiempos frívolos,
estudios dirigidos a refinar las delicias y lo restante
del lujo, no es capaz de oír la voz de los que quieran
demostrarle lo próximo de su ruina. Ha de precipitarse
en ella como el río en el mar. Ni las leyes suntuarias,
ni las ideas militares, ni los trabajos públicos, ni las
guerras, ni las conquistas, ni el ejemplo de un soberano
parco, austero y sobrio bastan a resarcir el daño que
se introdujo insensiblemente.

Reiráse semejante nación del magistrado que, queriendo resucitar las antiguas leyes y austeridad de costumbres, castigue a los que las quebranten; del filósofo
que declame contra la relajación; del general que hable
alguna vez de guerras; del poeta que canta los héroes
de la patria; nada de esto se entiende, ni se oye. Lo que
se escucha con respeto y se ejecuta con general esmero
es cuanto puede completar la obra de la ruina universal.
La invención de un sorbete, de un peinado, de un vestido y de un baile, es tenida por prueba matemática
de los progresos del entendimiento humano. Una composición nueva de una música deliciosa, de una poesía
afeminada, de un drama amoroso, se cuentan entre las
invenciones más útiles del siglo. A esto reduce la nación
todo el esfuerzo de entendimiento humano; a un nuevo
muelle de coche toda la matemática; a una fuente extraña y un teatro agradable toda la física; a más olores
fragantes toda la química; a modos de hacernos más

capaces de disfrutar los placeres toda la medicina; a romper los vínculos de parentesco, matrimonio y lealtad, amistad y amor a la patria, toda la moral y filosofía.

Buen recibimiento tendría el que se llegase a un joven de diez y ocho años, diciéndole: «Amigo, ya estás en edad de empezar a ser útil a tu patria; quítate esos vestidos, ponte uno de lana del país; deja esos manjares deliciosos y conténtate con un poco de pan, vino, hierbas, vaca y carnero; no pases siquiera por teatros y tertulias; vete al campo, salta, corre, tira la barra, monta a caballo, pasa el río a nado, mata un jabalí o un oso, cásate con una mujer honrada, robusta y trabajadora».

Poco mejor le iría al que llegase a la mujer y le dijese: «¿Tienes ya quince años? Pues ya no debes pensar en ser niña: tocador, gabinete, coches, mesas, cortejos, máscaras, teatros, medioencajes, cintas, parches, blondas, aguas de olor, batas, deshabillés, al fuego desde hoy. ¿Quién se ha de casar contigo, si te empleas en esos pasatiempos? ¿Qué marido ha de tener la que no cría sus hijos a sus pechos, la que no sabe hacerle las camisas, cuidarle en una enfermedad, gobernar la casa y seguirle si es menester a la guerra?»

El pobre que fuese con estos sermones recibiría en pago mucha mofa y burla. Esta especie de discursos, aunque muy ciertos y venerados en un siglo, apenas se entienden en otro. Sucede al pie de la letra a quien los profiere, como sucedería al que resucitase hoy en París, hablando galo, o en Madrid, hablando el lenguaje de la antigua Numancia; y si al estilo añadía el traje y ademanes competentes, todos los desocupados (que son la mayor parte de los habitantes de las cortes) irían a verle por curiosidad, como quien va a ver un pájaro o un monstruo venido de lejanas tierras.

Si como me hallo en África, apartado de la corte del Emperador, separado del bullicio, y en una edad ya decrépita, me viese en cualquier corte de las principales de Europa, con pocos años, algunas introducciones y mediana fortuna, aunque me hallase con este conocimiento filosófico, no creas que yo me pusiese a declamar contra este desarreglo, ni a ponderar sus consecuencias. Me parecería tan infructuosa empresa, como la de querer detener el flujo y reflujo del mar o el oriente y ocaso de los astros.

CARTA LXXXIX

DE NUÑO A GAZEL

Las cartas familiares que no tratan sino de la salud y negocios domésticos de amigos y conocidos, son las composiciones más frías e insulsas del mundo. Debieran venderse impresas y tener los blancos necesarios para la fecha y firma, con distinción de cartas de padres a hijos, de hijos a padres, de amos a criados, de criados a amos, de los que viven en la corte a los que viven en la aldea, de los que viven en la aldea a los que viven en la corte. Con este surtido, que podía venderse en cualquier librería a precio hecho, se quitaría uno el trabajo de escribir una resma de papel llena de insulseces todos los años y de leer otras tantas de la misma calidad, dedicando el tiempo a cosas más útiles.

Si son de esta especie las contenidas en el paquete que te remito, y que me han enviado de Cádiz para ti, no puedo menos de compadecerte. Pero creo que entre ellas habrá muchas de Ben-Beley, en las cuales no pueden menos de hallarse cosas más dignas de tu lectura.

Te remitiré en breve un extracto de cierta obra de un amigo que está haciendo un paralelo entre el sistema de las ciencias de varios siglos y países. Es increíble, habiéndose adelantado tan poco en lo esencial, haya sido tanta la variedad de los dictámenes en diferentes épocas.

Hay nación en Europa (y no es la española) que pocos siglos ha prohibió la imprenta, después todos los teatros, luego toda la filosofía opuesta al peripateticismo, y sucesivamente el uso de la quina, y luego ha dado en el extremo opuesto. Quiso la misma hacer salir de la cáscara, en su propio país frío y húmedo, los pájaros traídos dentro de sus huevos desde su clima natural que es caliente y seco. Otros de sus sabios se empeñaron en sostener que los animales pueden procrearse sin ser producidos del semen. Otros apuraron el sistema de la atracción Newtoniana, hasta atribuir a dicha atracción la formación de los fetos dentro de las madres. Otros dijeron que los montes se habían formado del mar. Esta libertad ha transcendido de la física a la moral; han defendido algunos que lo de *tuyo* y *mío* eran delitos formales. Que en la igualdad natural de los hombres es vicioso el establecimiento de las jerarquías. Que el estado natural del hombre es la soledad, como la de la fiera en el monte. Los que no ahondamos tanto en las especulaciones, no podemos determinarnos a dejar las ciudades de Europa y pasar a vivir con los hotentotes, patagones, araneos, iroqueses, apalaches y otros tales pueblos, que parece más conforme a la naturaleza, según el sistema de estos filósofos, o lo que sean.

CARTA XC

GAZEL A NUÑO

En la última carta de Ben-Beley que me acabas de remitir, según tu escrupulosa costumbre de no abrir las que vienen selladas, me hallo con noticias que me llaman con toda prontitud a la corte de mi patria. Mi familia acaba de renovar con otra ciertas disensiones antiguas, en las que debo tomar partido, muy contra mi genio naturalmente opuesto a todo lo que es facción, bando y parcialidad. Un tío que pudiera manejar aquellos negocios, está lejos de la corte, empleado en un gobierno sobre las fronteras en los bárbaros, y no es cotumbre entre nosotros dejar las ocupaciones del carácter público por las del interés particular. Ben-Beley, sobre ser muy anciano, se ha apartado totalmente de las cosas del mundo; con que yo me veo indispensablemente precisado a acudir a ellos. En este puerto se halla un navío holandés, cuyo capitán se obliga a llevarme hasta Ceuta, y de allí me será muy fácil y barato el tránsito hasta la corte. Es natural que toquemos en Málaga; dirígeme a aquella ciudad las cartas que me escribas, y encarga a algún amigo que tengas en ella que las remita al de Cádiz, en caso que en todo el mes que empieza hoy no me vea. Te aseguro que el pensamiento sólo de que voy a la corte a pretender con los poderosos y lidiar con los iguales, me desanima increíblemente.

Te escribiré desde Málaga y Ceuta y a mi llegada. Siento dejar tan pronto tu tierra y tu trato. Ambos habían empezado a inspirarme ciertas ideas, nuevas para mí hasta ahora, de las cuales me había privado mi nacimiento y educación, influyéndome otras, que ya me parecen absurdas, desde que medito sobre el objeto de las conversaciones que tantas veces hemos tenido. Grande ha de ser la fuerza de la verdad, cuando basta a contrastar dos tan grandes esfuerzos. ¡Dichoso amanezca el día feliz, cuyas divinas luces acaben de disipar las

pocas tinieblas que aun oscurecen lo oculto de mi corazón. No me ha parecido jamás tan hermoso el sol después de una borrasca, ni el mar tranquilo después de
una furiosa agitación, ni el soplo blando del céfiro después del horroroso son del norte, como me pareciera el
estado de mi corazón cuando llegué a gozar la quietud
que me prometiste y empecé a experimentar en tus discursos. La privación sola de tan grande bien me hace
intolerable la distancia de las costas de África a las de
Europa. Trataré en mi tierra con tedio los negocios que
me llaman, dejando en la tuya el único que merece mi
cuidado, y al punto volveré a concluirlo, no sólo a costa
de tan corto viaje, pero aunque fuese preciso el de la
nave española la *Victoria,* que fué la primera que dió
la vuelta al globo.

Hago ánimo de tocar estas especies a Ben-Beley. ¿Qué
me aconsejas? Tengo cierto recelo de ofender su rigor
y cierto impulso interior a iluminarle, si aun está ciego,
o a que su corazón, si ya ha recibido esta luz, la comunique al mío, y unidas ambas formen mayor claridad.
Sobre esto espero tu respuesta, aun más que sobre los
negocios de pretensión, corte y fortuna.

FIN DE LAS CARTAS MARRUECAS

NOTA

El manuscrito contenía otro tanto como lo impreso;
pero parte tan considerable quedará siempre inédita,
por ser tan mala la letra que no es posible entenderla.
Esto me ha sido tanto más sensible, cuanto me movió
a mayor curiosidad el índice de las cartas, así impresas
como inéditas, hasta el número de ciento y cincuenta.
Algunos fragmentos de las últimas que tienen la letra
algo inteligible, aunque a costa de mucho trabajo, me
aumentan el dolor de no poder publicar la obra completa. Los incluiría de buena gana aquí con los asuntos de
las restantes, deseando ser tenido por editor exacto y
escrupuloso, tanto por hacer este obsequio al público,
cuanto por no faltar a la fidelidad de mi difunto amigo,
pero son tan inconexos los unos con los otros, y tan
cortos los trozos legibles, que en nada quedaría satisfe-
cho el deseo del lector; y así nos contentaremos uno y
otro con decir, que así por los fragmentos como por los
títulos, se infiere que la mayor parte se reduciría a cartas de Gazel a Nuño, dándole noticia de su llegada a la
capital de Marruecos, su viaje a encontrar a Ben-Beley,

las conversaciones de los dos sobre las cosas de Europa, relaciones de Gazel y reflexiones de Ben-Beley, regreso de Gazel a la corte, su introducción en ella, lances que en ella la acaecen, cartes de Nuño sobre ellos, consejos del mismo Gazel, muerte de Ben-Beley.

Asuntos todos que prometían ocasión de ostentar Gazel su ingenuidad, y su imparcialidad Nuño, y muchas noticias del venerable anciano Ben-Beley; pero tal es el mundo y tal los hombres, que pocas veces vemos sus obras completas.

PROTESTA LITERARIA

DEL EDITOR DE LAS CARTAS MARRUECAS

Oh témpora! Oh mores!, exclamarán con mucho juicio algunos al ver tantas páginas de tantos renglones cada una. ¡Obra tan voluminosa!, ¡pensamientos morales!, ¡observaciones críticas!, ¡reflexiones pausadas!, ¿y esto en nuestros días, a nuestras barbas? ¿Cómo te atreves, malvado editor o autor, o lo que seas, a darnos un libro tan pesado, tan grueso, y sobre todo tan fastidioso? ¿Hasta cuándo has de abusar de nuestra benignidad? Ni tu edad, que aun no es madura, ni la nuestra, que aun es tierna, ni la del mundo, que nunca ha sido más niño, te pueden apartar de tan pesado trabajo. Pesado para ti, que has de concluirlo; para nosotros, que lo hemos de leer, y para la prensa, que ahora habrá de gemir. ¿No te espanta la suerte de tanto libro en folio que yace en el polvo de las librerías, ni te aterra la fortuna de tanto libro pequeño, que se reimprime millares de veces, sin bastar su número para tanto tocador y chimenea, que toma por desaire el verse sin ellos? Satirilla mordaz y superficial, aunque sea contra nosotros mismos; suplemento o segunda parte de ella, versos amorosos y otras producciones de igual ligereza, pasen en buen hora de mano en mano, su estilo de boca en boca y sus ideas de cabeza en cabeza; pasen, vuelvo a decir, una y mil veces en hora buena: nos agrada nuestra figura vista en este espejo, aunque el cristal no sea lisonjero; nos gusta el ver nuestro retrato pasar a la posteridad, aunque el pincel no nos adule; ¿pero cosas serias, como patriotismo, vasallaje, crítica de la vanidad, progresos de la filosofía, ventajas o inconvenientes del lujo y otros artículos semejantes? No en nuestros días. Ni tú debes escribirlas ni nosotros leerlas. Por poco que permitiésemos semejantes ridiculeces, por poco estímulo que te diésemos te pondrías en breve a trabajar sobre cosas totalmente graves. El estilo jocoso en ti es artificio; tu naturaleza es tétrica y adusta. Conocemos tu verdadero rostro y te arrancaremos la máscara con que has querido ocultarte; no falta entre nosotros quien sepa muy bien quién eres. De este conocimiento inferimos que desde la oscuridad de tu estudio no has querido subir de un vuelo a lo lucido de la literatura, sino que primero has rastreado, después te has elevado un poco; ahora no sabemos hasta dónde querrás remontar tus alas. Ya sabe alguno de los nuestros que preparas al público con estos papelillos para cosas mayores. Tememos que manifestándote favor, imprimas algún día los _elementos del patriotismo_, pesadísima obra. Que quieras reducir a sistema las obligaciones de cada individuo del estado a su clase y al total. Si tal hicieras, esparcirías una densísima nube sobre todo lo brillante de nuestras conversaciones e ideas; lograrías apartarnos de la sociedad frívola, del pasatiempo libre y de la vida ligera, señalando a cada uno la parte que le tocaría de tan gran fábrica, y haciendo odiosos a los que no se esmerasen en su trabajo. No, Vázquez, no lograrás este fin, si como eficaz medio para él, esperas congraciarte con nosotros. Vamos a cortar la raíz del árbol que puede dar tan malos frutos. Has de saber que nos vamos a juntar todos en plena asamblea, y a prohibirnos a nosotros mismos, a nuestras mujeres, hijos y criados, tan odiosa lectura; y si aun así logras que alguno te lea, también lograremos darte otras pesadumbres. Cada uno te atacará por distinta parte: unos dirán que eres malísimo cristiano en suponer que un moro como Ben-Beley dé tan buenos consejos a un discípulo, olvidándose, si es que lo han sabido, de que Cicerón, v. gr. gentil, los dió mejores a su hijo en su famoso libro _de Officiis_. Otros gritarán que eres más bárbaro que todos los africanos (pues implica nacer en África, y ser racional) en decir que nuestro siglo no es tan feliz como decimos nosotros, como si no bastara que nosotros lo dijéramos; y así de los otros asuntos de tus CARTAS MARRUECAS, escritas en el centro de Castilla la Vieja, provincia seca y desabrida, que no produce sino buen trigo y leales vasallos.

Esto soñé la otra noche que me decían con ceño adusto, voz áspera, gesto declamatorio y furor exaltado unos amigos, al ver estas cartas. Soñé también que me volvieron las espaldas con aire majestuoso, y me echaron una mirada capaz de aterrar al mismo Hércules.

Cuál quedaría yo en este lance, es materia dignísima de la consideración de mi piadoso, benigno, benévolo y amigo lector, a más de que soy pusilánime, encogido y pobre de espíritu. Despertéme del sueño con aquel susto y sudor que experimenta el que acaba de soñar que ha salido de una torre, o que lo ha cogido un toro, o que lo llevan al patíbulo; y medio soñando y medio despierto, extendiendo los brazos para detener a mis furibundos censores y moverlos a piedad, hincándome de rodillas, y juntando las manos (postura de ablandar deidades, aunque sea Júpiter con su rayo, Neptuno con su tridente, Marte con su espada, Vulcano con su martillo, Pltón con sus furias, *et sic de caeteris*), les dije dudando si era sueño o realidad: Visiones, sombras, fantasmas, protesto, que desde hoy, día de la fecha, no escribiré cosa que valga un alfiler; así como así no vale mucho más lo que he escrito hasta ahora; con que sosegaos y sosegadme, que me dejáis cual Ovidio quedó en cierta ocasión aun menos tremenda que ésta:

> Haud aliter stupui, quam qui, Jovis ignibus ustus
> Vivit, et est vitæ nescius ipsee suæ.

Ya veis cuán pronta es mi enmienda, pues ya empiezo uno de los infinitos rumbos de la ligereza, cual es la pedantería de estas citas, traídas de lejos, arrastradas por los cabellos y afectadas sin oportunidad.

Rompo los cuadernillos del manuscrito que tanto os enfada; quemo el original de estas cartas, y prometo en fin, no dedicarme en adelante sino a cosas más dignas de vuestro concepto.

ÍNDICE DE AUTORES DE LA COLECCIÓN AUSTRAL

De los 1110 Primeros Volúmenes

ABOUT, Edmond
723-El rey de las montañas. *

ABRANTES, Duquesa de
495-Portugal a principios del siglo XIX.

ABREU GÓMEZ, Ermilo
1003-Las leyendas del Popol Vuh.

ADLER, Alfredo
775-Conocimiento del hombre. *

AFANASIEV
859-Cuentos populares rusos.

AGUIRRE, Juan Francisco
709-Discurso histórico. *

AIMARD, G.
276-Los tramperos del Arkansas. *

AKSAKOV, S. T.
849-Recuerdos de la vida de estudiante.

ALARCÓN, Pedro A. de
37-El capitán Veneno. - El sombrero de tres picos.
428-El escándalo. *
473-El final de Norma.
1072-Historietas nacionales.*

ALCALÁ GALIANO, A.
1049-Recuerdos de un anciano. *

ALFONSO, Enrique
964-...Y llegó la vida. *

ALIGHIERI, Dante
875-El convivio. *
1056-La divina comedia. *

ALONSO, Dámaso
595-Hijos de la ira.

ALSINA FUERTES, Fidel
1037-El mundo de la mecánica. *

ALTAMIRANO, Ignacio M.
108-El Zarco.

ÁLVAREZ QUINTERO, S. y J.
124-Puebla de las mujeres. - El genio alegre.
321-Malvaloca. - Doña Clarines.

ALLISON PEERS, E.
671-El misticismo español. *

AMADOR DE LOS RÍOS
693-Vida del marqués de Santillana.

ANDREIEV, Leónidas
996-Sachka Yegulev. *
1046-Los espectros.

ANÓNIMO
5-Poema del Cid. *
59-Cuentos y leyendas de la vieja Rusia.
156-Lazarillo de Tormes.
337-La historia de los nobles caballeros Oliveros de Castilla y Artus Dalgarbe.
359-Libro del esforzado caballero Don Tristán de Leonís. *
374-La historia del rey Canamor y del infante Turián, su hijo. - La destruición de Jerusalem.
396-La vida de Estebanillo González. *
416-El conde Partinuples. - Roberto el Diablo. - Clamades y Clarmonda.
622-Cuentos populares y leyendas de Irlanda.
668-Viaje a través de los mitos irlandeses.
712-Nala y Damayanti.
892-Cuentos del Cáucaso.

ARAGO, F.
426-Grandes astrónomos anteriores a Newton.
543-Grandes astrónomos. (De Newton a Laplace.)
556-Historia de mi juventud.

ARCIPRESTE DE HITA
98-Libro de buen amor.

ARÈNE, Paul
205-La Cabra de Oro.

ARISTÓTELES
239-La Política. *
296-Moral. (La gran moral. Moral a Eudemo.) *
318-Moral, a Nicómaco. *
399-Metafísica. *
803-El arte poética.

ARNOLD, Matthew
989-Poesía y poetas ingleses.

ARRIETA, Rafael Alberto
291-Antología.
406-Centuria porteña.

ASSOLLANT, Alfredo
386-Aventuras del capitán Corcorán. *

AUNÓS, Eduardo
275-Estampas de ciudades. *

AUSTEN, Jane
823-Persuasión. *
1039-La abadía de Northanger. *
1066-Orgullo y prejuicio. *

AVELLANEDA FERNÁNDEZ DE, ALONSO
603-El Quijote. *

AZORÍN
36-Lecturas españolas.
47-Trasuntos de España.
67-Españoles en París.
153-Don Juan.
164-El paisaje de España visto por los españoles.
226-Visión de España.
248-Tomás Rueda.
261-El escritor.
380-Capricho.
420-Los dos Luíses y otros ensayos.
461-Blanco en azul.
475-De Granada a Castelar.
491-Las confesiones de un pequeño filósofo.
525-María Fontán.
551-Los clásicos redivivos. Los clásicos futuros.
568-El político.
611-Un pueblecito.
674-Rivas y Larra.
747-Con Cervantes.
801-Una hora de España.
830-El caballero inactual.
910-Pueblo.
951-La cabeza de Castilla.

BABINI, José
847-Arquímedes.
1007-Historia sucinta de la ciencia. *

BAILLIE FRASER, Jaime
1062-Viaje a Persia.

BALMES, J.
35-Cartas a un escéptico en materia de religión. *
71-El criterio. *

BALZAC, H. de
77-Los pequeños burgueses.
793-Eugenia Grandet. *

BALLANTYNE, Roberto M.
259-La isla de coral.
517-Los mercaderes de pieles. *

BALLESTEROS BERETTA, A.
677-Figuras imperiales.

BARNOUW, A. J.
1050-Breve historia de Holanda. *

BAROJA, Pío
177-La leyenda de Jaun de Alzate.
206-Las inquietudes de Shanti Andía. *
230-Fantasías vascas.
256-El gran torbellino del mundo. *
288-Las veleidades de la fortuna.
320-Los amores tardíos.
331-El mundo es ansí.
346-Zalacaín el aventurero.
365-La casa de Aizgorri.
377-El mayorazgo de Labraz.
398-La feria de los discretos. *
445-Los últimos románticos.
471-Las tragedias grotescas.
605-El laberinto de las sirenas. *
620-Paradox, rey. *
720-Aviraneta o La vida de un conspirador. *
1100-Las noches del Buen Retiro.

BASHKIRTSEFF, María
165-Diario de mi vida.

BAUDELAIRE, C.
885-Pequeños poemas en prosa.-Crítica de arte.

BAYO, Ciro
544-Lazarillo español. *

BEAUMARCHAIS, P. A. Carón de
728-El casamiento de Fígaro

BÉCQUER, Gustavo A.
3-Rimas y leyendas.
788-Desde mi celda.

BENAVENTE, Jacinto
34-Los intereses creados. Señora ama.
84-La Malquerida. - La noche del sábado.
94-Cartas de mujeres
305-La fuerza bruta. - Lo cursi.
387-Al fin, mujer.-La honradez de la cerradura.
450-La comida de las fieras. - Al natural.
550-Rosas de otoño. - Pepa Doncel.
701-Titania.-La Infanzona.

BENEYTO, Juan
971-España y el problema de Europa.

BERCEO, Gonzalo de
344-Vida de Sancto Domingo de Silos. - Vida de Sancta Oria, virgen.
716-Milagros de Nuestra Señora.

BERDIAEFF, N.
26-El cristianismo y el problema del comunismo.
61-El cristianismo y la lucha de clases.

BERGERAC, Cyrano de
287-Viaje a la Luna. - Historia cómica de los Estados e Imperios del Sol *

BERKELEY, G.
1108-Tres diálogos entre Hilas y Filonús

BERLIOZ, Héctor
992-Beethoven.

BERNÁRDEZ, Francisco Luis
610-Antología poética. *

BJOERNSON, Bjoernstjerne
796-Synnøve Solbakken.

BLASCO IBÁÑEZ, Vicente
341-Sangre y arena. *
351-La barraca.
361-Arroz y tartana. *
390-Cuentos valencianos.
410-Cañas y barro. *
508-Entre naranjos. *
581-La condenada - Otros cuentos.

BOECIO, Severino
394-La consolación de la filosofía.

BORDEAUX, Henri
809-Yamilé.

BOSSUET
564-Oraciones fúnebres. *

BOSWELL, James
899-La vida del Dr. Samuel Johnson. *

BOUGAINVILLE, L. A. de
349-Viaje alrededor del mundo.

BOYD CORRELL, A.
1057-La rueda oscura.*

BREWSTER, Ralph H.
890-Las seis mil barbas de Athos.

BRUNETIÈRE, Fernando
783-El carácter esencial de la literatura francesa.

BURTON, Robert
669-Anatomía de la melancolía.

BUTLER, Samuel
285-Erewhon. *

BYRON, LORD
111-El Corsario.-Lara.-El sitio de Corinto - Mazeppa.

CADALSO, José
1078-Cartas marruecas.

CALDERÓN DE LA BARCA
39-El alcalde de Zalamea. - La vida es sueño. *
289-Casa con dos puertas mala es de guardar. - El mágico prodigioso.
384-La devoción de la cruz. - El gran teatro del mundo.
496-El mayor monstruo del mundo. - El príncipe constante.
593-No hay burlas con el amor. - El médico de su honra. *
659-A secreto agravio, secreta venganza. - La dama duende.

CAMBA, Julio
22-Londres.
269-La ciudad automática.
295-Aventuras de una peseta.
343-La casa de Lúculo.
654-Sobre casi todo.
687-Sobre casi nada.
714-Unañoen el otromundo.
740-Playas, ciudades y montañas.
754-La rana viajera.
791-Alemania. *

CAMOENS, Luis de
1068-Los Lusiadas. *

CAMPOAMOR, R. de
238-Doloras. - Cantares. - Los pequeños poemas.

CANCELA, Arturo
423-Tres relatos porteños y Tres cuentos de la ciudad.

CANÉ, Miguel
255-Juvenilia y otras páginas argentinas.

CÁNOVAS DEL CASTILLO, A.
988-La campana de Huesca.*

CAPDEVILA, Arturo
97-Córdoba del recuerdo.
222-Las invasiones inglesas.
352-Primera antología de mis versos. *
506-Tierra mía.
607-Rubén Darío.
810-El Padre Castañeda. *
905-La dulce patria.
970-El hombre de Guayaquil.

CAPUA, San Francisco de
678-Vida de Santa Catalina de Siena.

CARLYLE, Tomás
472-Los primitivos reyes de Noruega.
906-Recuerdos.
1009-Los héroes. *
1079-Vida de Schiller.

CARRERE, Emilio
891-Antología poética.

CASARES, Julio
469-Crítica profana. *

CASTELAR, Emilio
794-Ernesto.

CASTELO BRANCO, Camilo
582-Amor de perdición. *

CASTIGLIONE, Baltasar
549-El cortesano. *

CASTRO, Guillén de
583-Las mocedades del Cid.*

CASTRO, Miguel de
924-Vida del soldado español Miguel de Castro.*

CASTRO, Rosalía
243-Obra poética.

CEBES
733-La tabla de Cebes. *

CERVANTES, M. de
29-Novelas ejemplares. *
150-Don Quijote de la Mancha. *
567-Novelas ejemplares. *
686-Entremeses.
774-El cerco de Numancia y El gallardo español.
1065-Los trabajos de Persiles y Sigismunda.*

CÉSAR, Julio
121-Comentarios de la Guerra de las Galias. *

CICERÓN
339-Los oficios.

CIEZA DE LEÓN, P. de
507-La crónica del Perú.*

CLARÍN (Leopoldo Alas)
444-¡Adiós, «Cordera»! y otros cuentos.

CLERMONT, Emilio
816-Laura. *

COLOMA, P. Luis
413-Pequeñeces.*
421-Jeromín.
435-La reina mártir. *

COLÓN, Cristóbal
633-Los cuatro viajes del Almirante y su Testamento.

CONCOLORCORVO
609-El lazarillo de ciegos caminantes. *
CONDAMINE, C. María de la
268-Viaje a la América meridional.
CONSTANT, Benjamín
938-Adolfo.
CORNEILLE, Pedro
813-El Cid. - Nicomedes.
CORTÉS, Hernán
547-Cartas de relación de la conquista de Méjico. *
COSSÍO, Francisco de
937-Aurora y los hombres.
COSSÍO, José María de
490-Los toros en la poesía.
762-Romances de tradición oral.
COSSÍO, Manuel B.
500-El Greco. *
COUSIN, Víctor
696-Necesidad de la filosofía.
CROCE, B.
41-Breviario de estética.
CROWTHER, J. G.
497-Humphry Davy. - Michael Faraday (hombres de ciencia británicos del siglo XIX).
509-J. Prescott Joule. W. Thomson, J. Clerk Maxwell (hombres de ciencia británicos del siglo XIX). *
518-T. Alva Edison. J. Henry (hombres de ciencia norteamericanos del siglo XIX).
540-Benjamín Franklin. J. Willard Gibbs (hombres de ciencia norteamericanos). *
CRUZ, Sor Juana Inés de la
12-Obras escogidas.
CUEVA, Juan de la
895-El infamador. - Los siete infantes de Lara.
CUI, César
758-La música en Rusia.
CURIE, Eva
451-La vida heroica de María Curie. *
CHAMISSO, Albert de
852-El hombre que vendió su sombra.
CHATEAUBRIAND, F.
50-Atala. - René. - El último Abencerraje.
CHEJOV, Antón P.
245-El jardín de los cerezos.
279-La cerilla sueca.
348-Historia de mi vida.
418-Historia de una anguila.
753-Los campesinos.
838-La señora del perro y otros cuentos.
923-La sala número seis y otros cuentos.

CHERBULIEZ, Víctor
1042-El conde Kostia. *
CHESTERTON, Gilbert K.
20-Santo Tomás de Aquino.
125-La Esfera y la Cruz. *
170-Las paradojas de Mr. Pond.
523-Charlas. *
535-El hombre que fué Jueves. *
546-Ortodoxia. *
580-El candor del padre Brown. *
598-Pequeña historia de Inglaterra. *
625-Alarmas y digresiones.
637-Enormes minucias. *
CHMELEV, Iván
95-El camarero.
CHOCANO, José Santos
751-Antología poética. *
DANA, R. E.
429-Dos años al pie del mástil.
DARÍO, Rubén
19-Azul.
118-Cantos de vida y esperanza.
282-Poema del otoño.
404-Prosas profanas.
516-El canto errante.
860-Poemas en prosa.
871-Canto a la Argentina - Oda a Mitre. - Canto épico a las glorias de Chile.
880-Cuentos.
DAUDET, Alfonso
738-Cartas desde mi molino.
755-Tartarín de Tarascón.
972-Recuerdos de un hombre de -letras.
D'AUREVILLY, J. Barbey
968-El caballero Des Touches.
DÁVALOS, Juan Carlos
617-Cuentos y relatos del Norte argentino.
DELEDDA, Grazia
571-Cósima.
DELFINO, Augusto Mario
463-Fin de siglo.
DELGADO, José María
563-Juan María. *
DEMAISON, André
262-El libro de los animales llamados salvajes.
DESCARTES
6-Discurso del método.
DÍAZ CAÑABATE, Antonio
711-Historia de una taberna. *
DÍAZ DE GUZMÁN, Ruy
519-La Argentina. *
DÍAZ-PLAJA, Guillermo
297-Hacia una concepto de la literatura española. *
DICKENS, C.
13-El grillo del hogar.
658-El reloj del señor Humphrey.

717-Cuentos de Navidad. *
772-Cuentos de Boz.
DICKSON, C.
757-Murió como una dama. *
DIEGO, Gerardo
219-Primera antología de sus versos.
DINIZ, Julio
732-La mayorazguita de los cañaverales. *
DONOSO, Armando
376-Algunos cuentos chilenos. (Antología de cuentistas chilenos.)
DONOSO CORTÉS, Juan
864-Ensayo sobre el catolicismo, el liberalismo y el socialismo. *
D'ORS, Eugenio
465-El valle de Josafat.
DOSTOYEVSKI, F.
167-Stepántchikovo.
267-El jugador.
322-Noches blancas - El diario de Raskólnikov.
1059-El ladrón honrado.
1093-Nietochka Nezvanova.
DROZ, Gustavo
979-Tristezas y sonrisas.
DUHAMEL, Georges
928-Confesión de medianoche.
DUMAS, Alejandro
882-Tres maestros (Miguel Ángel, Ticiano, Rafael).
DUNCAN, David
887-La hora en la sombra.
EÇA DE QUEIROZ, J. Mª
209-La ilustre casa de Ramires. *
524-La ciudad y las sierras. *
799-La correspondencia de Fadrique Mendes. *
ECKERMANN
973-Conversaciones con Goethe.
ECHAGÜE, Juan Pablo
453-Tradiciones, leyendas y cuentos argentinos.
1005-La tierra del hambre.
EHINGER, H.
1092-Clásicos de la música. *
EICHENDORFF, José de
926-Episodios de una vida tunante.
ELIOT, George
949-Silas Marner. *
ELVAS, FIDALGO DE
1099-Expedición de Hernando de Soto a Florida.
EMERSON, R. W.
1032-Ensayos escogidos.
EPICTETO
733-Enquiridión o Máximas.
ERASMO
682-Coloquios. *
ERCILLA, Alonso de
722-La Araucana.

ERCKMANN-CHATRIAN
486-Cuentos de orillas del Rhin.
912-Historia de un recluta de 1813.
945-Waterloo. *

ESPINA, A.
174-Luis Candelas, el bandido de Madrid.
290-Ganivet. El hombre y la obra.

ESPINOSA, Aurelio M.
585-Cuentos populares de España. *

ESPINOSA, Aurelio M. (h.)
645-Cuentos populares de Castilla.

ESPRONCEDA, José de
917-Poesías líricas y El estudiante de Salamanca.

ESQUILO
224-La Orestíada. - Prometeo encadenado.

ESTÉBANEZ CALDERÓN, S.
188-Escenas andaluzas.

EURÍPIDES
432-Alcestes. - Las Bacantes. - El cíclope.
623-Electra, Ifigenia en Táuride. - Las Troyanas.
653-Orestes. - Medea. - Andrómaca.

EYZAGUIRRE, Jaime
641-Ventura de Pedro de Valdivia.

FALLA, Manuel de
950-Escritos sobre música y músicos.

FAULKNER, W.
493-Santuario. *

FERNÁN CABALLERO
56-La familia de Alvareda.
364-La Gaviota. *

FERNÁNDEZ DE VELASCO Y PIMENTEL, B.
662-Deleite de la discreción. - Fácil escuela de la agudeza.

FERNÁNDEZ-FLÓREZ
145-Las gafas del diablo.
225-La novela número 13. *
263-Las siete columnas.
284-El secreto de Barba Azul.
325-El hombre que compró un automóvil.

FERNÁNDEZ MORENO, B.
204-Antología 1915-1947. *

FIGUEIREDO, Fidelino de
692-La lucha por la expresión.
741-Bajo las cenizas del tedio.
850-*Historia literaria de Portugal (Introducción histórica. - La lengua y literatura portuguesas. - Era medieval: De los orígenes a 1502.)

861-**Historia literaria de Portugal. (Era clásica: 1502-1825.) *
878-***Historia literaria de Portugal. (Era romántica: 1825-Actualidad.)

FÓSCOLO, Hugo
898-Últimas cartas de Jacobo Ortiz.

FOUILLÉE, Alfredo
846-Aristóteles y su polémica contra Platón.

FOURNIER D'ALBE
663-Efestos. Quo vadimus.

FRANKLIN, B.
171-El libro del hombre de bien.

FRAY MOCHO
1103-Tierra de matreros.

FÜLOP-MILLER, René
548-Tres episodios de una vida.
840-Teresa de Ávila, la Santa del éxtasis.
930-Francisco, el santo del amor.
1041-¡Canta, muchacha, canta!

GABRIEL Y GALÁN
808-Castellanas. - Nuevas castellanas. - Extremeñas. *

GÁLVEZ, Manuel
355-El gaucho de Los Cerrillos.
433-El mal metafísico. *
1010-Tiempo de odio y angustia. *
1064-Han tocado a degüello. *

GALLEGOS, Rómulo
168-Doña Bárbara. *
192-Cantaclaro. *
213-Canaima. *
244-Reinaldo Solar. *
307-Pobre negro. *
338-La trepadora. *
425-Sobre la misma tierra. *
851-La rebelión y otros cuentos.
902-Cuentos venezolanos.
1101-El forastero. *

GANIVET, A.
126-Cartas finlandesas. - Hombres del Norte.
139-Idearium español. - El porvenir de España.

GARCÍA DE LA HUERTA, Vicente
684-Raquel. - Agamenón vengado.

GARCÍA GÓMEZ, E.
162-Poemas arábigoandaluces.
513-Cinco poetas musulmanes. *

GARCÍA ICAZBALCETA, J.
1106-Fray Juan de Zumárraga. *

GARCÍA Y BELLIDO, A.
515-España y los españoles hace dos mil años, según la geografía de Strábon. *
744-La España del siglo I de nuestra era. *

GARIN, Nicolás
708-La primavera de la vida.
719-Los colegiales.
749-Los estudiantes.
883-Los ingenieros. *

GASKELL, Isabel C.
935-Mi prima Filis.
1053-María Barton. *
1086-Cranford. *

GÉRARD, Julio
367-El matador de leones.

GIBBON, Edward
915-Autobiografía.

GIL, Martín
447-Una novena en la sierra.

GOBINEAU, Conde de
893-La danzarina de Shamakha y otras novelas asiáticas.
1036-El Renacimiento. *

GOETHE, J. W.
60-Las afinidades electivas. *
449-Las cuitas de Werther.
608-Fausto.
752-Egmont.
1023-Hermann y Dorotea.
1038-Memorias de mi niñez. *
1055-Memorias de la Universidad. *
1076-Memorias del joven escritor. *
1096-Campaña de Francia y Cerco de Maguncia. *

GOGOL, N. V.
173-Tarás Bulba. - Nochebuena.
746-Cuentos ucranios.
907-El retrato y otros cuentos.

GOLDONI, Carlos
1025-La posadera.

GOLDSMITH, Oliverio
869-El vicario de Wakefield. *

GOMES DE BRITO, Bernardo
825-Historia trágico-marítima. *

GÓMEZ DE AVELLANEDA, G.
498-Antología (poesías y cartas amorosas).

GÓMEZ DE LA SERNA, R.
14-La mujer de ámbar.
143-Greguerías 1940-45.
308-Los muertos, las muertas y otras fantasmagorías.
427-Don Ramón M. del Valle-Inclán. *
920-Goya. *

GOMPERTZ, Maurice
529-La panera de Egipto.
GONCOURT, Edmundo de
873-Los hermanos Zemgan-
no. *
GONCOURT, E. y J. de
853-Renata Mauperin. *
916-Germinia Lacerteux. *
GÓNGORA, L. de
75-Antología.
GONZÁLEZ DE CLAVIJO,
Ruy
1104-Embajada de Enri-
que III al Gran Ta-
morlán. *
GONZÁLEZ DE MENDOZA,
Pedro
689-El concilio de Trento.
GONZÁLEZ MARTÍNEZ, E.
333-Antología poética.
GONZÁLEZ OBREGÓN, L.
494-México viejo y anecdó-
tico.
GOSS, Madeleine
587-Sinfonía inconclusa. *
670-Brahms. *
GOSSE, Philip
795-Los corsarios berberis-
cos. - Los piratas del
Norte. (Historia de la
piratería.)
814-Los piratas del Oeste. -
Los piratas de Oriente.
(Historia de la pira-
tería.) *
GRACIÁN, Baltasar
49-El héroe. - El discreto.
258-Agudeza y arte de in-
genio. *
400-El criticón. *
GRANADA, Fray Luis de
642-Introducción del sím-
bolo de la fe. *
GUÉRARD, Albert
1040-Breve historia de Francia. *
GUEVARA, Antonio de
242-Epístolas familiares.
759-Menosprecio de corte
y Alabanza de aldea.
GUICCIARDINI, Francesco
786-De la vida política y
civil.
GUINNARD, A.
191-Tres años de esclavi-
tud entre los patagones.
GUNTHER, John
1030-Muerte, no te enorgu-
llezcas. *
HARDY, T.
25-La bien amada.
HARTE, Bret
963-Cuentos del Oeste. *
HAVEN SCHAUFFLER, R.
670-Brahms. *
HAWTHORNE, Nathaniel
819-Cuentos de la Nueva
Holanda.
1082-La letra roja. *
HEARN, Lafcadio
217-Kwaidan.
1029-El romance de la Vía
Láctea.

HEBBEL, C. F.
569-Los Nibelungos.
HEBREO, León
704-Diálogos de amor. *
HEGEL, G. F.
594-De lo bello y sus formas. *
726-Sistema de las artes.
773-Poética. *
HEINE, E.
184-Noches florentinas.
952-Cuadros de viaje. *
HENNINGSEN, C. F.
730-Zumalacárregui. *
HERCZEG, F.
66-La familia Gyurkovics. *
HERNÁNDEZ, J.
8-Martín Fierro.
HERNÁNDEZ, Miguel
908-El rayo que no cesa.
HESSE, Hermann
925-Gertrudis.
HESSEN, J.
107-Teoría del conocimiento.
HEYSE, Paul
982-El camino de la feli-
cidad.
HOFFMANN
863-Cuentos. *
HOMERO
1004-Odisea. *
HORACIO
643-Odas.
HUARTE, Juan
599-Examen de ingenios. *
HUDSON, G. E.
182-El ombú y otros cuen-
tos rioplatenses.
HUGO, Víctor
619-Hernani. - El rey se
divierte.
652-Literatura y filosofía.
673-Cromwell. *
HUMBOLDT, Guillermo de
1012-Cuatro ensayos sobre
España y América. *
HURET, Jules
1075-La Argentina.
IBARBOUROU, Juana de
265-Poemas.
IBSEN, H.
193-Casa de muñecas. -
Juan Gabriel Borkman.
INFANTE, don Juan Manuel
676-El conde Lucanor.
INSÚA, A.
82-Un corazón burlado.
316-El negro que tenía el
alma blanca. *
328-La sombra de Peter
Wald. *
IRIBARREN, Manuel
1027-El príncipe de Viana. *
IRVING, Wáshington
186-Cuentos de la Alham-
bra.
476-La vida de Mahoma. *
765-Cuentos del antiguo
Nueva York.
ISAACS, Jorge
913-María. *

ISÓCRATES
412-Discursos histórico-po-
líticos.
JAMESON, Egon
93-De la nada a millo-
narios.
JAMMES, Francis
9-Rosario al Sol.
894-Los Robinsones vascos.
JANINA, Condesa Olga
(«Robert Franz»)
782-Los recuerdos de una
cosaca.
JENOFONTE
79-La expedición de los
diez mil (Anábasis).
JOKAI, Mauricio
919-La rosa amarilla.
JOLY, Henry
812-Obras clásicas de la
filosofía. *
JONES, T. W.
663-Hermes.
JUNCO A.
159-Sangre de Hispania.
KANT
612-Lo bello y lo subli-
me. - La paz perpetua.
648-Fundamentación de la
metafísica de las cos-
tumbres..
KARR, Alfonso
942-La Penélope normanda.
KELLER, Gottfried
383-Los tres honrados pei-
neros y otras novelas.
KEYSERLING, Conde de
92-La vida íntima.
KIERKEGAARD, Sören
158-El concepto de la an-
gustia.
KINGSTON, W. H. G.
375-A lo largo del Amazo-
nas. *
474-Salvado del mar. *
KIPLING, Rudyard
821-Capitanes valientes. *
KIRKPATRICK, F. A.
130-Los conquistadores españoles. *
KITCHEN, Fred
831-A la par de nuestro
hermano el buey. *
KLEIST, Heinrich Von
865-Michael Kohlhaas.
KOTZEBUE, Augusto de
572-De Berlín a París en
1804. *
KSCHEMISVARA
215-La ira de Caúsica.
LABIN, Eduardo
575-La liberación de la
energía atómica.
LAERCIO, Diógenes
879-★-Vidas de los filósofos más ilustres.
936-★★-Vidas de los filó-
sofos más ilustres.
978-★★★-Vidas de los fi-
lósofos más ilustres.
LA FAYETTE, Madame de
976-La Princesa de Clèves.

LAIN ENTRALGO, Pedro
784-La generación del noventa y ocho. *
911-Dos biólogos: Claudio Bernard y Ramón y Cajal.
1077-Menéndez Pelayo. *

LAMARTINE, Alfonso de
858-Graziella.
922-Rafael.
983-Jocelyn. *
1073-Las confidencias. *

LAMB, Carlos
675-Cuentos basados en el teatro de Shakespeare. *

LAPLACE, P. S.
688-Breve historia de la astronomía. *

LARBAUD, Valéry
40-Fermina Márquez.

LA ROCHEFOUCAULD, F. de
929-Memorias. *

LARRA, Mariano José de
306-Artículos de costumbres.

LARRETA, Enrique
74-La gloria de don Ramiro. *
85-«Zogoibi».
247-Santa María del Buen Aire. - Tiempos iluminados.
382-La calle de la vida y de la muerte.
411-Tenía que suceder... - Las dos fundaciones de Buenos Aires.
438-El linyera. - Pasión de Roma.
510-La que buscaba Don Juan. - Artemis. - Discursos.
560-Jerónimo y su almohada. - Notas diversas.
700-La naranja.
921-Orillas del Ebro. *

LATORRE, Mariano
680-Chile, país de rincones. *

LATTIMORE, Owen y Eleanor
994-Breve historia de China. *

LEÓN, Fray Luis de
51-La perfecta casada.
522-De los nombres de Cristo. *

LEÓN, Ricardo
370-Jauja.
391-Desperta ferro!
481-Casta de hidalgos. *
521-El amor de los amores. *
561-Las siete vidas de Tomás Portolés.
590-El hombre nuevo. *

LEOPARDI
81-Diálogos.

LERMONTOF, M. I.
148-Un héroe de nuestro tiempo.

LEROUX, Gastón
293-La esposa del Sol. *
378-La muñeca sangrienta.
392-La máquina de asesinar.

LEUMANN, C. A.
72-La vida victoriosa.

LEVENE, Ricardo
303-La cultura histórica y el sentimiento de la nacionalidad. *
702-Historia de las ideas sociales argentinas. *
1060-Las Indias no eran colonias.

LEVILLIER, R.
91-Estampas virreinales americanas.
419-Nuevas estampas virreinales: Amor con dolor se paga.

LI HSING-TAO
215-El círculo de tiza.

LINKLATER, Eric
631-María Estuardo.

LISZT, Franz
576-Chopin.
763-Correspondencia.

LOEBEL, Josef
997-Salvadores de vidas.

LONDON, Jack
766-Colmillo blanco. *

LOPE DE RUEDA
479-Eufemia. - Armelina. - El deleitoso.

LOPE DE VEGA
43-Peribáñez y el Comendador de Ocaña. - La Estrella de Sevilla. *
274-Poesías líricas.
294-El mejor alcalde, el rey. - Fuente Ovejuna.
354-El perro del hortelano. - El arenal de Sevilla.
422-La Dorotea. *
574-La dama boba. - La niña de plata. *
638-El amor enamorado. - El caballero de Olmedo.
842-Arte nuevo de hacer comedias. - La discreta enamorada.

LÓPEZ IBOR, Juan J.
1034-La agonía del psicoanálisis.

LO TA KANG
787-Antología de cuentistas chinos.

LOWES DICKINSON, G.
685-Un «banquete» moderno.

LUGONES, Leopoldo
200-Antología poética. *
232-Romancero.

LUIS XIV
705-Memorias sobre el arte de gobernar.

LULIO, Raimundo
889-Libro del Orden de Caballería. - Príncipes y juglares.

LUMMIS, C. F.
514-Los exploradores españoles del siglo XVI. *

LYTTON, B.
136-Los últimos días de Pompeya. *

MA CE HWANG
805-Cuentos chinos de tradición antigua.

MACDONALD, Philip
1057-La rueda oscura. *

MACHADO, Antonio
149-Poesías completas. *

MACHADO, Manuel
131-Antología.

MACHADO, Manuel y Antonio
260-La duquesa de Benamejí. - La prima Fernanda. - Juan de Mañara. *
706-Las Adelfas. - El hombre que murió en la guerra.
1011-La Lola se va a los puertos. - Desdichas de la fortuna o Julianillo Valcárcel.

MACHADO Y ÁLVAREZ, Antonio
745-Cantes flamencos.

MAETERLINCK, Mauricio
385-La vida de los termes.
557-La vida de las hormigas.
606-La vida de las abejas. *

MAEZTU, María de
330-Antología-Siglo XX. - Prosistas españoles. *

MAEZTU, Ramiro de
31-Don Quijote. - Don Juan y La Celestina.
777-España y Europa.

MAGDALENO, Mauricio
844-La tierra grande. *
931-El resplandor. *

MAISTRE, Javier de
962-Viaje alrededor de mi cuarto.

MAISTRE, José de
345-Las veladas de San Petersburgo. *

MALLEA, Eduardo
102-Historia de una pasión argentina.
202-Cuentos para una inglesa desesperada.
402-Rodeada está de sueño.
502-Todo verdor perecerá.
602-El retorno.

MANACORDA, Telmo
613-Fructuoso Rivera.

MANRIQUE, Gómez
665-Regimiento de príncipes y otras obras.

MANRIQUE, Jorge
135-Obra completa.

MANSILLA, Lucio V.
113-Una excursión a los indios ranqueles. *

MANTOVANI, Juan
967-Adolescencia. Formación y cultura.

MANZONI, Alejandro
943-El conde de Carmagnola.

MAÑACH, Jorge
252-Martí, el apóstol. *

MAQUIAVELO
69-El Príncipe (comentado por Napoleón Bonaparte).

MARAGALL, Juan
998-Elogios.

MARAÑÓN, G.
62-El Conde-Duque de Olivares. *
129-Don Juan.
140-Tiempo viejo y tiempo nuevo.
185-Vida e historia.
196-Ensayo biológico sobre Enrique IV de Castilla y su tiempo.
360-El «Empecinado» visto por un inglés.
408-Amiel. *
600-Ensayos liberales.
661-Vocación y ética y otros ensayos.
710-Españoles fuera de España.

MARCO AURELIO
756-Soliloquios o Reflexiones morales.

MARCOY, Paul
163-Viaje por los valles de la quina. *

MARCU, Valeriu
530-Maquiavelo. *

MARECHAL, Leopoldo
941-Antología poética.

MARÍAS, Julián
804-La filosofía española actual.
991-Miguel de Unamuno. *
1071-El tema del hombre.*

MARICHALAR, A.
78-Riesgo y ventura del Duque de Osuna.

MARÍN, JUAN
1090-Lao Tszé o El universismo mágico.

MARMIER, Javier
592-A través de los trópicos. *

MÁRMOL, José
1018-Amalia. *

MARRYAT, Federico
956-Los cautivos del bosque. *

MASSINGHAM, H. J.
529-La Edad de Oro.

MAURA, Antonio
231-Discursos conmemorativos.

MAURA GAMAZO, Gabriel
240-Rincones de la historia.

MAUROIS, André
2-Disraeli. *
660-Lord Byron. *
731-Turgueniev.

MAYORAL, Francisco
897-Historia del sargento Mayoral.

MEDRANO, Samuel W.
960-El Libertador José de San Martín. *

MELVILLE, Herman
953-Taipi. *

MÉNDEZ, PEREIRA, O.
166-Núñez de Balboa

MENÉNDEZ PELAYO, Marcelino
251-San Isidoro, Cervantes y otros estudios.
350-Poetas de la Corte de Don Juan II. *
597-El abate Marchena.
691-La Celestina. *
715-Historia de la poesía argentina.
820-Las cien mejores poesías líricas de la lengua castellana. *

MENÉNDEZ PIDAL, R.
28-Estudios literarios.
55-Los romances de América y otros estudios.
100-Flor nueva de romances viejos.
110-Antología de prosistas españoles. *
120-De Cervantes y Lope de Vega.
172-Idea imperial de Carlos V.
190-Poesía árabe y poesía europea.
250-El idioma español en sus primeros tiempos.
280-La lengua de Cristóbal Colón.
300-Poesía juglaresca y juglares. *
501-Castilla, la tradición, el idioma.
800-Tres poetas primitivos.
1000-El Cid Campeador. *
1051-De primitiva lírica española y antigua épica.
1110-Miscelánea.

MERA, Juan León
1035-Cumandá. *

MEREJKOVSKY, D.
30-Vida de Napoleón. *
737-El misterio de Alejandro I. *
764-El fin de Alejandro I. *
884-Compañeros eternos. *

MERIMÉE, Próspero
152-Mateo Falcone y otros cuentos.
986-La Venus de Ille.
1063-Crónica del reinado de Carlos IX. *

MESA, E. de
223-Poesías completas.

MESONERO ROMANOS, R. de
283-Escenas matritenses.

MEUMANN, E.
578-Introducción a la estética actual.
778-Sistema de estética.

MIELI, Aldo
431-Lavoisier y la formación de la teoría química moderna.
485-Volta y el desarrollo de la electricidad.
1017-Breve historia de la biología.

MILTON, John
1013-El paraíso perdido. *

MILL, Stuart
83-Autobiografía.

MILLAU, Francisco
707-Descripción de la provincia del Río de la Plata (1772).

MIQUELARENA, Jacinto
854-Don Adolfo, el libertino.

MIRÓ, Gabriel
1102-Glosas de Sigüenza

MISTRAL, Federico
806-Mireya.

MISTRAL, Gabriela
503-Ternura.
1002-Desolación. *

MOLIÈRE
106-El ricachón en la corte. - El enfermo de aprensión.
948-Tartufo. - Don Juan o El convidado de piedra.

MOLINA, Tirso de
73-El vergonzoso en Palacio. - El Burlador de Sevilla. *
369-La prudencia en la mujer. - El condenado por desconfiado.
442-La gallega Mari-Hernández. - La firmeza en la hermosura.

MONCADA, Francisco de
405-Expedición de los catalanes y aragoneses contra turcos y griegos.

MONTAIGNE, Miguel de
903-Ensayos escogidos.

MONTERDE, Francisco
870-Moctezuma II, Señor del Anahuac.

MONTESQUIEU
253-Grandeza y decadencia de los romanos.
862-Ensayo sobre el gusto.

MOORE, Tomás
1015-El epicúreo.

MORAND, Paul
16-Nueva York.

MORATÍN, L. Fernández de
335-La comedia nueva. - El sí de las niñas.

MORETO, Agustín
119-El lindo don Diego. - No puede ser el guardar una mujer.

MUÑOZ, Rafael F.
178-Se llevaron el cañón para Bachimba.
896-¡Vámonos con Pancho Villa! *

MUSSET, Alfredo de
492-Cuentos.

NAPOLEÓN III
798-Ideas napoleónicas. *

NAVARRO Y LEDESMA, F.
401-El ingenioso hidalgo Miguel de Cervantes Saavedra. *

NERUDA, Jan
397-Cuentos de la Malá Strana.

NERVAL, Gerardo de
927-Silvia. - La mano encantada. - Noches de Octubre.

NERVO, Amado
32-La amada inmóvil.
175-Plenitud.
211-Serenidad.
311-Elevación.
373-Poemas.
434-El arquero divino.
458-Perlas negras. - Místicas.

NEWTON, Isaac
334-Selección.

NIETZSCHE, Federico
356-El origen de la tragedia.

NODIER, Carlos
933-Recuerdos de juventud.

NOVALIS
1008-Enrique de Ofterdingen.

NOVÁS CALVO, L.
194-El Negrero. *
573-Cayo Canas.

NOVO, Salvador
797-Nueva grandeza mexicana.

NÚÑEZ CABEZA DE VACA, Álvar
304-Naufragios y Comentarios. *

OBLIGADO, Carlos
257-Los poemas de Edgar Poe.
848-Patria. - Ausencia.

OBLIGADO, Rafael
197-Poesías. *

OPPENHEIMER, FERMI, MERCK y otros
987-Hombre y ciencia. *

ORDÓÑEZ DE CEBALLOS, P.
695-Viaje del mundo. *

ORTEGA Y GASSET, J.
1-La rebelión de las masas. *
11-El tema de nuestro tiempo.
45-Notas.
101-El libro de las misiones.
151-Ideas y creencias.
181-Tríptico: Mirabeau o el político. - Kant. - Goethe.
201-Mocedades.

OSORIO LIZARAZO, J. A.
947-El hombre bajo la tierra. *

OVIDIO, Publio
995-Las Heroidas. *

OZANAM, Antonio F.
888-Los poetas franciscanos en Italia en el siglo XIII.
939-Una peregrinación al país del Cid y otros escritos.

PALACIO VALDÉS, A.
76-La Hermana San Sulpicio. *
133-Marta y María. *
155-Los majos de Cádiz. *
189-Riverita. *
218-Maximina. *
266-La novela de un novelista. *
277-José.
298-La alegría del capitán Ribot.
368-La aldea perdida. *
588-Años de juventud del doctor Angélico. *

PALMA, Ricardo
52-Tradiciones peruanas. (1ª selec.).
132-Tradiciones peruanas. (2 selec.).
309-Tradiciones peruanas. (3ª selec.).

PAPP, Desiderio
443-Más allá del Sol... (La estructura del Universo.)
980-El problema del origen de los mundos.

PARDO BAZÁN, Condesa de
760-La sirena negra.

PARRY WILLIAM, E.
537-Tercer viaje para el descubrimiento de un paso por el Noroeste.

PASCAL, Blas
96-Pensamientos.

PELLICO, Silvio
144-Mis prisiones.

PEMÁN, José María
234-Noche de levante en calma. — Julieta y Romeo.

PEREDA, J. M. de
58-Don Gonzalo González de la Gonzalera. *
414-Peñas arriba. *
436-Sotileza. *
454-El sabor de la tierruca. *
487-De tal palo, tal astilla. *
528-Pedro Sánchez. *
558-El buey suelto... *

PEREYRA, Carlos
236-Hernán Cortés. *

PÉREZ DE AYALA, Martín
689-El concilio de Trento. *

PÉREZ DE AYALA, R.
147-Las Máscaras. *
183-La pata de la raposa. *
198-Tigre Juan.
210-El curandero de su honra.
249-Poesías completas. *

PÉREZ DE GUZMÁN, Fernán
725-Generaciones y semblanzas.

PÉREZ GALDÓS, B.
15-Marianela.
1001-Fortunata y Jacinta. *
1014-La fontana de oro. *
1024-Miau. *
1031-Ángel Guerra. *
1044-Lo prohibido. *
1070-Trafalgar.
1074-La corte de Carlos IV. *
1081-El 19 de Marzo y el 2 de Mayo. *
1087-Bailén. *
1094-Napoleón en Chamartín. *
1105-Zaragoza

PÉREZ LUGIN, Alejandro
357-La casa de la Troya. *

PÉREZ MARTÍNEZ, Héctor
531-Juárez, el impasible.
807-Cuauhtémoc. (Vida y muerte de una cultura.) *

PFANDL, Ludwig
17-Juana la Loca.

PIGAFETTA, Antonio
207-Primer viaje en torno del Globo.

PLA, Cortés
315-Galileo Galilei.
533-Isaac Newton. *

PLATÓN
44-Diálogos. *
220-La República o el Estado. *
639-Apología de Sócrates. - Critón o El deber del ciudadano.

PLOTINO
985-El alma, la belleza y la contemplación.

PLUTARCO
228-Vidas paralelas: Alejandro-Julio César.
459-Vidas paralelas: Demóstenes-Cicerón. Demetrio-Antonio.
818-Vidas paralelas: Teseo-Rómulo. Licurgo-Numa.
843-Vidas paralelas: Solón-Publícola. Temístocles-Camilo.
868-Vidas paralelas: Pericles-Fabio Máximo. Alcibíades-Coriolano.
918-Vidas paralelas: Arístides-Marco Catón. Filopemen-Tito Quincio Flaminino.
946-Vidas paralelas: Pirro-Cayo Mario. Lisandro-Sila.

969-Vidas paralelas: Ci-
    món-Lúculo. Nicias-
    Marco Craso.
993-Vidas paralelas: Ser-
    torio-Eumenes. Foción-
    Catón el Menor.
1019-Vidas paralelas: Agis-
    Cleómenes. Tiberio-Ca-
    yo Graco.
1043-Vidas paralelas: Dion-
    Bruto.
1095-Vidas paralelas: Ti-
    moleón - Paulo Emi-
    lio - Pelópidas- Mar-
    celo.

POE, E. Allan
    735-Aventuras de Arturo
    Gordon Pym. *

POINCARÉ, Henri
    379-La ciencia y la hi-
    pótesis. *
    409-Ciencia y método. *
    579-Últimos pensamientos.
    628-El valor de la cien-
    cia.

POLO, Marco
    1052-Viajes. *

PORTNER KOEHLER, R.
    734-Cadáver en el viento. *

PRAVIEL, A.
    21-La vida trágica de la
    emperatriz Carlota.

PRÉLAT, Carlos E.
    1037-El mundo de la mecá-
    nica.

PREVOST, abate
    89-Manon Lescaut.

PRÉVOST, Marcel
    761-El arte de aprender.

PRIETO, Jenaro
    137-El socio.

PUIG, Ignacio
    456-¿Qué es la física cós-
    mica? *
    990-La edad de la Tierra.

PULGAR, Fernando del
    832-Claros varones de Cas-
    tilla.

PUSHKIN
    123-La hija del Capitán. -
    La nevasca.

QUEVEDO, Francisco de
    24-Historia de la vida del
    Buscón.
    362-Antología poética.
    536-Los Sueños. *
    626-Política de Dios y go-
    bierno de Cristo. *
    957-Vida de Marco Bruto.

QUILES, Ismael
    467-Aristóteles.
    527-San Isidoro de Sevilla.
    874-Filosofía de la reli-
    gión.
    1107-Sartre y su existen-
    cialismo.

QUINTANA, M. J.
    388-Vida de Francisco Pi-
    zarro.
    826-Vida de los españoles
    célebres: El Cid. Guz-
    mán el Bueno. Roger
    de Lauria.

RACINE, Juan
    839-Athalía. - Andrómaca.

RADA Y DELGADO, Juan
    de Dios de la
    281-Mujeres célebres de Es-
    paña y Portugal (1ª
    selec.).
    292-Mujeres célebres de Es-
    paña y Portugal (2ª
    selec.).

RAINIER, P. W.
    724-África del recuerdo. *

RAMÍREZ CABAÑAS, J.
    358-Antología de cuentos
    mexicanos.

RAMÓN Y CAJAL, S.
    90-Mi infancia y juven-
    tud. *
    187-Charlas de café. *
    214-El mundo visto a los
    ochenta años. *
    227-Los tónicos de la vo-
    luntad. *
    241-Cuentos de vacacio-
    nes. *

RAMOS, Samuel
    974-Filosofía de la vida
    artística.
    1080-El perfil del hombre
    y la cultura en México.

RANDOLPH, Marion
    817-La mujer que amaba
    las lilas.
    837-El buscador de su
    muerte. *

RAVAGE, M. E.
    489-Cinco hombres de Franc-
    fort. *

REID, Mayne
    317-Los tiradores de ri-
    fle. *

REISNER, Mary
    664-La casa de telarañas. *

RENARD, JULES
    1083-Diario.

RENOUVIER, Charles
    932-Descartes.

REY PASTOR, Julio
    301-La ciencia y la téc-
    nica en el descubri-
    miento de América.

REYES, Alfonso
    901-Tertulia de Madrid.
    954-Cuatro ingenios.
    1020-Trazos de historia li-
    teraria.
    1054-Medallones.

REYLES, Carlos
    88-El gaucho Florido.
    208-El embrujo de Sevilla.

REYNOLDS LONG, A.
    718-La sinfonía del cri-
    men.
    977-Crimen en tres tiem-
    pos.

RICKERT, H.
    347-Ciencia cultural y cien-
    cia natural. *

RIVADENEIRA, Pedro de
    634-Vida de Ignacio de
    Loyola. *

RIVAS, Duque de
    46-Romances. *

656-Sublevación de Nápo-
    les capitaneada por
    Masanielo. *
    1016-Don Álvaro o la fuer-
    za del sino.

RODENBACH, Jorge
    829-Brujas, la muerta.

RODEZNO, Conde de
    841-Carlos VII, Duque de
    Madrid.

RODÓ, José Enrique
    866-Ariel.

ROJAS, Fernando de
    195-La Celestina.

ROJAS, Francisco de
    104-Del rey abajo, ningu-
    no. - Entre bobos anda
    el juego.

ROMANONES, conde de
    770-Doña María Cristina
    de Habsburgo y Lorena.

ROMERO, Francisco
    940-El hombre y la cultura.

ROSENKRANTZ, Palle
    534-Los gentileshombres de
    Lindenborg. *

ROUSSELET, Luis
    327-Viaje a la India de
    los Maharajahs.

ROUSSELOT, Xavier
    965-San Alberto, Santo To-
    más y San Buenaventura.

RUIZ DE ALARCÓN, Juan
    68-La verdad sospechosa. -
    Los pechos privilegia-
    dos.

RUSKIN, John
    958-Sésamo y lirios.

RUSSELL, B.
    23-La conquista de la
    felicidad.

RUSSELL WALLACE, A. de
    313-Viajes al archipiélago
    malayo.

SÁENZ HAYES, R.
    329-De la amistad en la
    vida y en los libros.

SAID ARMESTO, Víctor
    562-La leyenda de Don
    Juan. *

SAINT-PIERRE, Bernardino
    de
    393-Pablo y Virginia.

SAINTE-BEUVE, C.
    1045-Retratos contemporá-
    neos.
    1069-Voluptuosidad. *
    1109-Retratos de mujeres.

SAINZ DE ROBLES, F.
    114-El «otro» Lope de Ve-
    ga.

SALOMÓN
    464-El cantar de los can-
    tares. (Versión de Fray
    Luis de León.)

SALTEN, Félix
    363-Los hijos de Bambi.
    371-Bambi.
    395-Renni «El Salvador».*

SALUSTIO, Cayo
    366-La conjuración de Ca-
    tilina. - La guerra de
    Jugurta.

SAMANIEGO, Félix María
632-Fábulas.
SAN AGUSTÍN
559-Ideario. *
SÁNCHEZ-SÁEZ, Braulio
596-Primera antología de cuentos brasileños. *
SAND, George
959-Juan de la Roca. *
SANDERS, George
657-Crimen en mis manos. *
SAN FRANCISCO DE ASÍS
468-Las florecillas. - El cántico del Sol. *
SAN JUAN DE LA CRUZ
326-Obras escogidas.
SANTA CRUZ DE DUEÑAS, Melchor de
672-Floresta española.
SANTA MARINA, L.
157-Cisneros.
SANTA TERESA DE JESÚS
86-Las Moradas.
372-Su vida. *
636-Camino de perfección.
999-Libro de las fundaciones. *
SANTILLANA, El Marqués de
552-Obras.
SANTO TOMÁS
310-Suma Teológica. (Selección.)
SARMIENTO, Domingo Faustino
1058-Facundo. *
SCOTT, Walter
466-El pirata. *
877-El anticuario. *
SCHIAPARELLI, JUAN V.
526-La astronomía en el Antiguo Testamento.
SCHILLER, F.
237-La educación estética del hombre. *
SCHLESINGER, Erna C.
955-La zarza ardiente. *
SCHMIDL, Ulrico
424-Derrotero y viaje a España y las Indias. *
SÉNECA
389-Tratados morales.
SHAKESPEARE, W.
27-Hamlet.
54-El rey Lear. - Pequeños poemas.
87-Otelo, el moro de Venecia. - La tragedia de Romeo y Julieta.
109-El mercader de Venecia. - La tragedia de Mácbeth.
116-La tempestad. - La doma de la bravía.
127-Antonio y Cleopatra.
452-Las alegres comadres de Windsor. - La comedia de las equivocaciones.
488-Los dos hidalgos de Verona. - Sueño de una noche de San Juan.

635-A buen fin no hay mal principio. - Trabajos de amor perdidos. *
736-Coriolano.
769-El cuento de invierno.
792-Cimbelino.
828-Julio César. - Pequeños poemas.
872-A vuestro gusto.
SHAW, Bernard
615-El carro de las manzanas.
630-Héroes. - Cándida.
640-Matrimonio desigual. *
SIBIRIAK, MAMIN
739-Los millones. *
SIENKIEWICZ, Enrique
767-Narraciones. *
845-En vano. *
886-Hania. - Orso. - El manantial.
SIGÜENZA Y GÓNGORA, Carlos de
1033-Infortunios de Alonso Ramírez.
SILIÓ, César
64-Don Álvaro de Luna. *
SILVA, José Asunción
827-Poesías.
SILVA VALDÉS, Fernán
538-Cuentos del Uruguay. *
SIMMEL, Georg
38-Cultura femenina y otros ensayos.
SLOCUM, Joshua
532-A bordo del «Spray». *
SÓFOCLES
835-Ayante. - Electra. - Las Traquinianas.
SOLALINDE, A. G.
154-Cien romances escogidos.
169-Antología de Alfonso X el Sabio. *
SOLÍS, Antonio
699-Historia de la conquista de Méjico. *
SOUBRIER, JACQUES
867-Monjes y bandidos. *
SPENGLER, O.
721-El hombre y la técnica y Otros ensayos. *
SPINELLI, MARCOS
834-Misión sin gloria. *
SPRANGER, Eduardo
824-★Cultura y educación. (Parte histórica.)
856-★★Cultura y educación. (Parte temática.)
STAËL, Madame de
616-Reflexiones sobre la paz.
655-Alemania.
742-Diez años de destierro. *
STARK, L. M.
944-Ciencia y civilización. *
STENDHAL
10-Armancia.
789-Victoria Accoramboni.

815-★Historia de la pintura en Italia. (Escuela Florentina - Renacimiento - De Giotto a Leonardo - Vida de Leonardo de Vinci.)
855-★★Historia de la pintura en Italia. (De la belleza ideal en la antigüedad. Del bello ideal moderno. Vida de Miguel Ángel.) *
909-Vida de Rossini.
STERNE, Laurence
332-Viaje sentimental.
STEVENSON, R. L.
7-La isla del Tesoro.
342-Aventura de David Balfour.
566-La flecha negra. *
627-Cuentos de los mares del Sur.
666-A través de las praderas.
776-El extraño caso del doctor Jekyll y Mr. Hyde. - Olalla.
STOKOWSKI, Leopoldo
591-Música para todos nosotros. *
STORM, Theodor
856-El lago del Immen.
STORNI, Alfonsina
142-Antología poética.
STRINDBERG, A.
161-El viaje de Pedro el Afortunado.
SUÁREZ, Francisco
381-Introducción a la metafísica. *
SWIFT, Jonatán
235-Viajes de Gulliver. *
SYLVESTER, E.
483-Sobre la índole del hombre.
934-Yo, tú y el mundo. *
TÁCITO
446-Los Anales: Augusto-Tiberio.
462-Historias.
1085-Los Anales: Claudio-Nerón.
TAINE, Hipólito A.
115-★Filosofía del arte.
448-Viaje a los Pirineos. *
505-★★Filosofía del arte.
TALBOT, Hake
690-Al borde del abismo.
TAMAYO Y BAUS, Manuel
545-La locura de amor. - Un drama nuevo. *
TASSO, Torcuato
966-Noches.
TEJA, Zabre A.
553-Morelos.
TELEKI, José
1026-La corte de Luis XV.
TEOFRASTO
733-Caracteres morales.
TERENCIO, Publio
729-La Andriana. - La suegra. - El atormentador de sí mismo.

743-Los hermanos. - El eunuco. - Formión.

TERTULIANO. C. S.
768-Apología contra los gentiles.

THACKERAY, W. M.
542-Catalina.
1098-El viudo Lovel.

THIERRY, Agustín
589-Relato de los tiempos merovingios. *

THOREAU, Henry de
904-Walden o Mi vida entre bosques y lagunas. *

TICKNOR, JORGE
1089-Diario.

TIEGHEM, Paul Van
1047-Compendio de historia literaria de Europa. *

TOEPFFER, R.
779-La biblioteca de mi tío.

TOLSTOI, León
554-Los cosacos.
586-Sebastopol.

TORRES VILLARROEL
822-Vida. *

TURGUENEFF, I.
117-Relatos de un cazador.
134-Anuchka. - Fausto.
482-Lluvia de primavera. Remanso de paz. *

TWAIN, Mark
212-Las aventuras de Tom Sawyer.
649-El hombre que corrompió a una ciudad.
679-Fragmento del diario de Adán y Diario de Eva.
698-Un reportaje sensacional y otros cuentos.
713-Nuevos cuentos.
1049-Tom Sawyer detective. - Tom Sawyer en el extranjero.

UNAMUNO, M. de
4-Del sentimiento trágico de la vida. *
33-Vida de Don Quijote y Sancho.
70-Tres novelas ejemplares y un prólogo.
99-Niebla.
112-Abel Sánchez.
122-La tía Tula.
141-Amor y pedagogía.
160-Andanzas y visiones españolas.
179-Paz en la guerra. *
199-El espejo de la muerte.
221-Por tierras de Portugal y de España.
233-Contra esto y aquello.
254-San Manuel Bueno, mártir, y tres historias más.
286-Soliloquios y conversaciones.
299-Mi religión y otros ensayos breves.

312-La agonía del cristianismo.
323-Recuerdos de niñez y de mocedad.
336-De mi país.
403-En torno al casticismo.
417-El Caballero de la Triste Figura.
440-La dignidad humana.
478-Viejos y jóvenes.
499-Almas de jóvenes.
570-Soledad.
601-Antología poética.
647-El otro. - El hermano Juan.
703-Algunas consideraciones sobre la literatura hispanoamericana.
781-El cristo de Velázquez.
900-Visiones y comentarios.

UP DE GRAFF, F. W.
146-Cazadores de cabezas del Amazonas. *

URIBE PIEDRAHITA, César
314-Toá.

VALDÉS, Juan de
216-Diálogo de la lengua

VALERA, Juan
48-Juanita la Larga.

VALLE, R. H.
477-Imaginación de México.

VALLE-ARIZPE, Artemio de
53-Cuentos del México antiguo.
340-Leyendas mexicanas.
881-En México y en otros siglos.
1067-Fray Servando. *

VALLE-INCLÁN, R. del
105-Tirano Banderas.
271-Corte de amor.
302-Flor de santidad. - Coloquios románticos.
415-Voces de gesta. - Cuento de Abril.
430-Sonata de primavera. - Sonata de estío.
441-Sonata de otoño. - Sonata de invierno.
460-Los Cruzados de la Causa.
480-El resplandor de la hoguera.
520-Gerifaltes de antaño.
555-Jardín umbrío.
621-Claves líricas.
651-Cara de Plata.
667-Águila de blasón.
681-Romance de lobos.
811-La lámpara maravillosa.

VALLERY-RADOT, René
470-Madame Pasteur.

VAN DINE, S. S.
176-La serie sangrienta.

VARIOS
319-Frases.

VASCONCELOS, J.
802-La raza cósmica. *
961-La sonata mágica.
1091-Filosofía estética.

VÁZQUEZ, Francisco
512-Jornada de Omagua y Dorado. (Historia de Lope de Aguirre, sus crímenes y locuras.)

VEGA, El Inca Garcilaso de la
324-Comentarios reales. (Selección.)

VEGA, Garcilaso de la
63-Obras.

VEGA, Ventura de la
484-El hombre de mundo. - La muerte de César. *

VELA, Fernando
984-El grano de pimienta.

VÉLEZ DE GUEVARA, Luis
975-El Diablo Cojuelo.

VERLAINE, PAUL
1088-Fiestas Galantes. - Romanzas sin palabras. - Sensatez.

VICO, Giambattista
836-Autobiografía.

VIGNY, Alfredo de
278-Servidumbre y grandeza militar.
748-Cinq-Mars. *

VILLA-URRUTIA, Marqués de
57-Cristina de Suecia.

VILLALÓN, Cristóbal de
246-Viajes de Turquía. *
264-El Crótalon. *

VILLIERS DE L'ISLE-ADAM, Conde de
833-Cuentos crueles. *

VINCI, Leonardo de
353-Aforismos.
650-Tratado de la pintura. *

VIRGILIO
203-Églogas. - Geórgicas.
1022-La Eneida. *

VITORIA, Francisco de
618-Relecciones sobre los indios.

VIVES, Juan Luis
128-Diálogos.
138-Instrucción de la mujer cristiana.
272-Tratado del alma. *

VOSSLER, Carlos
270-Algunos caracteres de la cultura española.
455-Formas literarias en los pueblos románticos.
511-Introducción a la literatura española del Siglo de Oro.
565-Fray Luis de León.
624-Estampas del mundo románico.
644-Racine.
694-La Fontaine y sus fábulas.
771-Escritores y poetas de España.

WAGNER, Ricardo
785-Epistolario a Matilde Wesendonk.

WAGNER-LISZT
763-Correspondencia.

WAKATSUKI, Fukuyiro
103-Tradiciones japonesas.

WALSH, W. T.
504-Isabel la Cruzada. *

WALLON, H.
539-Juana de Arco. *

WASSILIEW, A. T.
229-Ochrana. *

WAST, Hugo
80-El camino de las llamas.

WATSON WATT, R. A.
857-A través de la casa del tiempo o El viento, la lluvia y seiscientas millas más arriba.

WECHSBERG, Joseph
697-Buscando un pájaro azul. *

WELLS, H. G.
407-La lucha por la vida.*

WHITNEY PHYLLIS, A.
584-El rojo es para el asesinato. *

WILDE, José Antonio
457-Buenos Aires desde setenta años atrás.

WILDE, Oscar
18-El ruiseñor y la rosa.
65-El abanico de Lady Windermere. - La importancia de llamarse Ernesto.
604-Una mujer sin importancia. - Un marido ideal. *
629-El crítico como artista. - Ensayos. *
646-Balada de la cárcel de Reading. - Poemas.
683-El fantasma de Canterville. - El crimen de Lord Arturo Savile.

WILSON, Mona
790-La reina Isabel.

WILSON, Sloan
780-Viaje a alguna parte. *

WISEMAN, Cardenal
1028-Fabiola. *

WYNDHAM LEWIS, D. B.
42-Carlos de Europa, emperador de Occidente. *

WYSS, Juan Rodolfo
437-El Robinsón suizo. *

YÁÑEZ, Agustín
577-Melibea, Isolda y Alda en tierras cálidas.

YEBES, Condesa de
727-Spínola, el de las Lanzas y Otros retratos históricos.

ZAMORA VICENTE, Alonso
1061-Presencia de los clásicos.

ZORRILLA, José
180-Don Juan Tenorio. - El puñal del godo.
439-Leyendas y tradiciones.
614-Antología de poesías líricas. *

ZUNZUNEGUI, Juan A. de
914-El barco de la muerte. *
981-La úlcera. *
1084-Ramón o La vida baldía. *
1097-Beatriz o La vida apasionada. *

ZWEIG, Stefan
273-Brasil. *
541-Una partida de ajedrez. - Una carta.
1006-La Viena de ayer.

* Volumen extra.

FACILIDADES DE PAGO PARA LA ADQUISICIÓN DE ESTA COLECCIÓN COMPLETA, O LOS VOLÚMENES QUE LE INTERESEN. SOLICITE CONDICIONES Y FOLLETOS EN COLORES.